"十二五"辽宁省重点图书出版规划项目

国家自然科学基金（71002062、71272140、71472157）的研究成果

U0674908

三友会计论丛
第15辑

SUNYO ACADEMIC SERIES IN ACCOUNTING

The Ultimate Ownership Structure,
Institutional Environment
and the Cost of Equity Capital

终极所有权结构、
制度环境和权益资本成本

肖作平 尹林辉 ● 著

东北财经大学出版社
Dongbei University of Finance & Economics Press　　大连

图书在版编目(CIP)数据

终极所有权结构、制度环境和权益资本成本 / 肖作平，尹林辉
著. —大连：东北财经大学出版社，2015.10
（三友会计论丛·第15辑）
ISBN 978 - 7 - 5654 - 2133 - 4

Ⅰ. 终… Ⅱ. ①肖… ②尹… Ⅲ. 上市公司-财务管理-
研究-中国 Ⅳ. F279.246

中国版本图书馆 CIP 数据核字(2015)第 248803 号

东北财经大学出版社出版
（大连市黑石礁尖山街217号 邮政编码 116025）
教学支持：(0411) 84710309
营 销 部：(0411) 84710711
总 编 室：(0411) 84710523
网 址：http：//www.dufep.cn
读者信箱：dufep@dufe.edu.cn

大连住友彩色印刷有限公司印刷 东北财经大学出版社发行
幅面尺寸：170mm×240mm 字数：173千字 印张：12 插页：1
2015年10月第1版 2015年10月第1次印刷

责任编辑：王 莹 田玉海 吴 茜 责任校对：刘 洋
封面设计：冀贵收 版式设计：钟福建

定价：32.00元

本书的研究得到国家自然科学基金"终极所有权结构，制度环境与权益资本成本"（项目编号：71002062）、"终极控制股东，投资者法律保护与会计稳健性"（项目编号：71272140）和"终极所有权结构，社会资本与银行贷款契约"（项目编号：71472157）的资助。

三友会计论丛编审委员会

前 言

　　权益资本成本一直是财务学界关注的焦点议题。从终极所有权结构和制度视角研究权益资本成本是当前财务研究的前沿课题。本书在探索适合中国上市公司权益资本成本度量模型的基础上，结合中国制度环境存在显著区域性差异的现实背景，着眼于终极控制股东和外部投资者的委托代理问题，理论推演了终极所有权结构、制度环境和权益资本成本三者之间的关系。具体来说，本书理论推演了终极所有权结构对权益资本成本的影响、制度环境对权益资本成本的影响，以及制度环境和两权分离度对权益资本成本的交互影响。在理论推演的基础上，以2004—2013年沪深两市上市的A股公司为研究样本，采用单变量T检验、秩和检验和多元回归等多种计量方法对提出的研究假设进行实证检验和稳健性检验。研究发现，终极所有权结构是影响公司权益资本成本的重要因素，制度环境质量的改善会降低公司权益资本成本，同时制度环境质量的改善也会削弱两权分离度与公司权益资本成本之间的正相关关系。具体而言，本书的研究结论总结如下：

　　首先，在权益资本成本度量模型的适用性评价方面，本书采用相关性分析和多元回归分析，实证检验了权益资本成本与已实现报酬率之间是否存在显著的相关关系，以及权益资本成本与风险因子之间是否存在显著的相关关系。通过检验发现，在众多权益资本成本度量模型中较适合中国上市公司的模型是 MPEG 模型（COE_MPEG）、PEG 模型（COE_PEG）和 OJ 模型（COE_OJ），但三者之间没有绝对的排序。

其次，在终极所有权结构对权益资本成本的影响方面，研究发现：（1）终极所有权与权益资本成本存在显著的负相关关系，并且这一关系在非国有公司中更为显著；（2）终极所有权和控制权的两权分离度与权益资本成本正相关，这一关系在非国有公司中更为显著；（3）相比民营企业和地方企业，中央企业有着显著更低的权益资本成本；（4）地方企业和民营企业之间的权益资本成本并没有系统性差异；（5）事业单位企业和民营企业之间的权益资本成本也没有系统性差异；（6）外资企业相比民营企业有着显著更低的权益资本成本；（7）对比五类企业，中央企业和外资企业的权益资本成本显著更低，而地方企业、事业单位企业和民营企业的权益资本成本显著更高。

再次，在制度环境对权益资本成本的影响方面，研究发现：（1）影响权益资本成本的制度因素不仅有法律保护，还包括政府行政管理、金融发展、产品市场发育、媒体报道和社会诚信；（2）制度环境质量改善能够降低公司的权益资本成本，制度环境质量的改善包括法律保护、政府行政管理、金融发展、产品市场发育、媒体报道和社会诚信等制度因素发展水平的提高。

最后，在制度环境和两权分离度对权益资本成本的交互影响方面，研究表明：制度环境质量改善会显著削弱终极所有权和控制权的两权分离度与权益资本成本之间的正相关关系，即当法律保护、政府行政管理、金融发展、产品市场发育、媒体报道和社会诚信等制度因素发展水平提高后，会增加终极控制股东的掠夺风险和掠夺成本，从而抑制其掠夺行为，进而削弱两权分离度与权益资本成本之间的正相关关系。

作　者

2015 年 10 月

➤ 第 1 章 ◀

绪论

1.1 ———— 选题背景和问题提出 ————

权益资本成本是公司财务管理的核心概念，对公司投融资决策具有重要的影响。在公司理财领域，权益资本成本一直是财务学界研究的热点问题之一，从早期的研究（Modigliani 和 Miller，1958）至今，尽管经历了半个多世纪，但仍然存在许多问题没有得到有效解决。权益资本成本是现代财务理论历久弥新的研究难题之一，其研究不仅有助于完善公司财务理论，同时在实践上也有助于完善资本市场和促进公司投融资。从资本市场建设需要看，权益资本成本是股票制度健全程度和资本市场完善程度的考评指标，对资本的有效配置和资金的合理流动发挥着重要作用；从公司发展需要看，权益资本成本是选择合适融资方式和融资渠道、决定投资项目及其投资效益的主要指标，在公司投融资管理和估算企业价值方面发挥着重要作用。

迄今为止，大量的财务学文献一方面从理论上探讨适用的权益资本成本度量模型，如资本资产定价模型、套利定价理论、Fama-French 三因子模型和剩余收益估值模型等；另一方面从实证上寻找潜在的影响因素，早前对此的研究主要集中在风险因子、公司特征和宏观经济因素上。此后，伴随着委托代理理论和信息不对称理论的进一步发展，部分学者把目光转向公司治理与权益资本成本之间的关系上，实证检验了股权和董事会特征、会计信息质量和投资者保护等对权益资本成本的影响。然而，近些年众多文献指出上市公司股权并不是普遍分散的，其控制权大多为终极控制股东所掌握（La Porta et al.，1999；Claessens et al.，2002），即便在股权较为分散的英美国家也存在上市公司股权集中控制问题（Anderson 和 Reeb，2003）。公司治理的主要问题事实上已经从股东与管理者的委托代理问题转移到终极控制股东与中小股东的委托代理问题。因此，在当今股权普遍为终极控制股东所控制的产权背景下，现代公司治理研究应重点关注终极所有权结构，包括终极所有权、终极控制权和所有权的分离度、终极所有权性质等，研究重点应该是终极控制股东的行为及其激励和约束问题。只有从终极所有权结构视角来探究公司治理问题，才有可能解决目前公司治理中存在的主要矛盾和主要问题，事实上目前终极所有权结构的研究已经成为了财务学界的主流研究方向之一，围绕该问题已经涌现了大量的研究成果，但是它们探讨的主要是终极所有权结构对公司价值（Claessens et al.，2002；Lemmon 和 Lins，2003；Hughes，2009；刘芍佳等，2003；苏启林和朱文，2003；王鹏和周黎安，2006）以及公司政策的影响（Faccio et al.，2001；Haw et al.，2004；Du 和 Dai，2005；马忠和吴翔宇，2006，2007；韩亮亮和李凯，2008；李增泉等，2008；肖作平，2010）。事实上，终极控制股东能够以各种方式掠夺中小股东利益并操纵会计信息，导致严重的代理冲突和信息不对称问题，从而提高投资者的投资风险，进而推高公司权益资本成本。因此，有必要从终极所有权结构角度去研究权益资本成本，只有这样才能深刻揭示股权结构与权益资本成本的内在关系，理清权益资本成本的影响因素。

在中国上市公司中，公司股权普遍为终极控制股东所控制，存在较为尖锐的终极控制股东与中小股东之间的代理冲突，终极控制股东的侵占行为普遍存在，例如德隆集体、托普公司和猴王股份的衰弱，以及ST兰光、琼花股份的控股股东违规信贷担保和资金占用等，是典型的终极控制股东对中小股东的利益侵占。同时，中国正处于经济转轨阶段，制度环境质量较差，例如金融市场化程度低、投资者法律保护不健全、政府行政管理缺乏效率、社会诚信度较差和产品市场不发达等。较差的制度环境质量进一步加剧了终极控制股东的掠夺行为和信息操纵行为。同时，中国幅员辽阔，不同地区的法律保护、政府行政管理、产品市场发育、金融发展和信用文化等制度环境上存在显著的区域性差异（樊纲等，2007），这为研究一国之内不同地区的制度环境与权益资本成本之间的关系提供了难得的机会。为了揭示制度环境对权益资本成本的作用机理，我们有必要回答"制度环境质量的改善是否有助于降低权益资本成本"这一基本命题，使权益资本成本的研究转向更为现实的视角。信息和代理问题阻碍了资本市场高效配置资源，从制度上降低终极控制股东与中小股东的代理冲突，缓解中小股东相对终极控制股东的信息不对称，降低投资者的投资风险和公司权益资本成本，促进资源的优化配置，是资本市场建设的目标。因此，理清终极所有权结构、制度环境与权益资本成本之间的关系具有重要的学术价值。

　　基于中国的制度背景，本书系统研究了终极所有权结构、制度环境和权益资本成本之间的关系，在一定程度上对已有文献提供有益的补充。具体而言，本书拟回答以下几个问题：（1）如何结合中国的实际情况探讨适合中国上市公司权益资本成本的度量模型？（2）终极所有权结构（包括终极所有权、两权分离度、终极所有权性质等）究竟如何影响权益资本成本？（3）制度环境（包括法律保护、政府行政管理、金融发展、产品市场发育、媒体报道和社会诚信）究竟如何影响权益资本成本？（4）制度环境是否以及如何影响终极所有权结构与权益资本成本之间的关系？毫无疑问，以上问题的解决对于中国资本市场的建设具有重大的意义。

1.2　　　　　　　　　　　　研究意义

　　本书研究具有重要的理论和实践意义，主要体现在：

　　（1）探究终极控制股东对中小股东的利益侵占行为，深刻认识由此引发的代理冲突和信息不对称问题，揭示终极所有权结构如何影响权益资本成本，其内在的作用机理是什么，为优化公司股权结构和治理结构、改革国有企业体制等提供政策参考，推动公司治理的规范化进程，促进资本市场资源的有效配置。

（2）揭示制度环境对权益资本成本的作用机理，探讨终极所有权结构与权益资本成本之间的关系如何随着制度环境质量的不同而变化，探寻有利于降低权益资本成本的制度因素，为监管地方政府行为、提高金融业的市场化水平、强化投资者法律保护等制度的完善提供政策参考，推动资本市场的稳定有序发展。

（3）探索权益资本成本新的研究视角，拓展和深化已有文献的理论和实证研究。

1.3 ——————研究目标、研究内容和研究方法——————

1.3.1 研究目标

本书立足于中国资本市场，探究适合中国上市公司权益资本成本的度量模型，搭建理论框架系统阐释终极所有权结构、制度环境与权益资本成本之间关系，然后，采用沪深两市 A 股公司为研究样本，实证检验终极所有权结构、制度环境如何影响权益资本成本，以及制度环境如何影响终极所有权结构与权益资本成本之间的关系。通过对上述问题的研究，使我们能够全面系统地认识和把握终极所有权结构、制度环境与权益资本成本三者之间的内在关系，揭示终极控制股东行为，探究激励和约束终极控制股东的制度因素，降低公司的权益资本成本，促进资本市场资源的有效配置，拓展和深化已有文献的理论和实证研究。此外，针对这些研究对象，在理论和实证研究的基础上，提出相关政策性建议供政府决策部门参考，推动公司治理水平的提升以及资本市场的稳定有序发展。

1.3.2 研究框架

本书的研究框架可用图 1-1 加以概括。

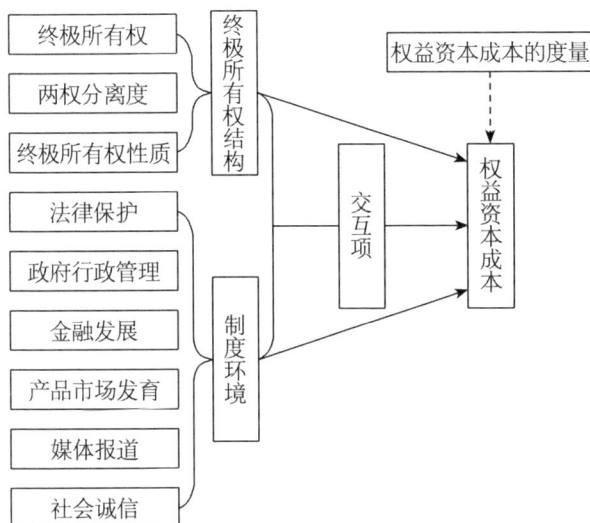

图 1-1　研究框架

1.3.3　技术路线

本书研究的技术路线见图 1-2。

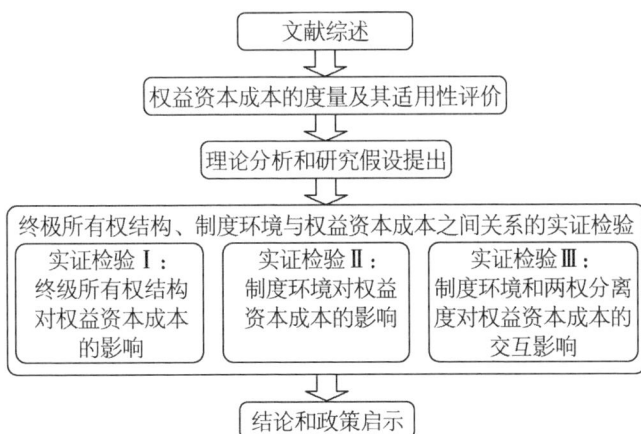

图 1-2　技术路线

本书的研究技术线路可归纳为如下步骤：①文献综述→②权益资本成本的度量及其适用性评价→③建立研究框架→④理论研究→⑤提出研究假设→⑥设计合适的实证研究方案→⑦公司样本选择和变量数据收集→⑧开展单变量和多变量的实证分析→⑨实证结果及分析→⑩进行稳健性检验→

⑪归纳形成结论和政策建议。

1.3.4　内容结构

本书后续内容结构安排如下：第2章文献综述，论述权益资本成本、终极所有权结构和制度环境的研究现状及其评价；第3章权益资本成本的度量及其适用性评价，论述权益资本成本的主要度量模型、模型评价方案设计、模型评价结果和中国目前权益资本成本的现状；第4章终极所有权结构对权益资本成本的影响，论述理论分析和研究假设、实证方案设计、实证结果分析和稳健性检验等；第5章制度环境对权益资本成本的影响，论述理论分析和研究假设、实证方案设计、实证结果分析和稳健性检验等；第6章制度环境和两权分离度对权益资本成本的交互影响，论述理论分析和研究假设、实证方案设计、实证结果分析和稳健性检验等；第7章结论和政策启示，论述研究结论、政策启示、研究局限和未来研究展望。

1.3.5　研究方法

本书综合运用财务学、会计学、制度经济学和信息经济学等相关学科所采用的前沿研究手段，主要采用理论分析与实证检验相结合的研究方法。具体的研究方法包括：

（1）文献研究。首先广泛收集和阅读国内外相关研究文献，全面掌握国内外相关研究领域的最新动态和研究现状，理清相关领域的研究脉络，界定研究增量贡献。

（2）比较研究。比较分析各类权益资本成本度量模型的前提假设、数据要求和优缺点，并结合中国的实际情况，设计度量模型评价方案，对相关的度量模型进行评价，探究适合中国上市公司权益资本成本的度量模型。

（3）以公司治理和公司财务理论以及信息经济学等为基础的理论分析。基于中国制度环境存在显著区域性差异的现实背景，以终极控制股东引发的委托代理和信息操纵问题为切入点，理论分析终极所有权结构、制度环境与权益资本成本三者之间的关系，以此为基础，构建相应的研究假设。

（4）基于计量经济学的实证分析。本书在理论分析的基础上，采用沪深两市 A 股公司为研究样本，设计相应的实证研究方案，构建计量经济模型，采用单变量检验和多变量回归分析的方法检验终极所有权结构、制度环境如何影响权益资本成本，以及制度环境如何影响终极所有权结构与权益资本成本之间的关系。

1.4　研究创新和特色

本书的研究创新和特色主要体现在：

（1）基于中国资本市场数据，实证分析不同模型度量的权益资本成本和已实现报酬率、风险因子之间的相关关系，探索适合中国上市公司的权益资本成本度量模型。如何有效度量权益资本成本一直是公司财务研究的难题，现有西方学者已经开发出不少的权益资本成本度量模型，但是这些模型在中国的适用性如何，仍然是一个悬而未决的问题。本书结合 Hou et al.（2012）的研究成果①，在获得较为稳健的盈余预测数据的基础上，通过实证检验权益资本成本和已实现报酬率、风险因子之间的相关关系，获得了较为可靠的评价结论，探索了适合中国上市公司的权益资本成本度量模型，从而深化了对权益资本成本度量模型的研究。

（2）拓展了影响权益资本成本的制度因素。本书不仅理论分析和实证检验了法律制度对权益资本成本的影响，而且分析了法律外制度因素对权益资本成本的影响。已有文献主要探讨了投资者法律保护对权益资本成本的影响，鲜有文献从法律外制度视角开展权益资本成本问题研究。本书在现有研究基础上做了进一步拓展，不但探讨了法律保护、政府行政管理、金融发展和产品市场发育等正式制度对权益资本成本的影响，而且探讨了媒体报道和社会诚信等非正式制度对权益资本成本的影响，从而拓展了制度因素与权益资本成本之间的关系。

（3）探索制度因素和两权分离度对权益资本成本的交互影响，以便揭示终极所有权结构和权益资本成本的关系如何随着制度质量的不同而改

---

① 有助于解决因中国缺乏盈余预测数据而不能够评价权益资本成本模型的问题。

变。已有文献在讨论终极所有权结构和权益资本成本之间关系时，没有把制度环境纳入研究框架，无法深刻把握制度环境对权益资本成本的作用机理。本书把制度因素（尤其是法制外因素）纳入研究框架，理论分析和实证检验了不同制度因素对终极所有权结构和权益资本成本之间关系的影响，检查终极所有权结构与权益资本成本之间的关系是否依赖制度质量，从而拓展了终极所有权结构、制度环境与权益资本成本之间的关系。

1.5 ——————— 关键术语界定 ———————

1.5.1 权益资本成本

依据经典教材论述，资本成本是公司为取得资本使用权所付出的代价，是投资者投资于公司要求获得的最低回报率（中国注册会计师协会，2014）。按照这一逻辑，权益资本成本是公司为取得权益资本使用权所付出的代价，是权益投资者投资于公司要求获得的最低回报率（或必要报酬率）。因此，它实际上是投资者的事前期望报酬率，而不是投资者已实现的报酬率。权益资本成本的大小最终取决于无风险报酬率、经营风险溢价和财务风险溢价，而公司经营业务和资本结构的差异会导致公司具有不同的经营风险和财务风险，风险越高，投资者所要求的必要报酬率也会越高，进而会提高公司的权益资本成本（中国注册会计师协会，2014）。从机会成本的角度看，权益资本成本实际上是投资者用于某项投资后所放弃的在其他等风险投资机会上所能获得的最大报酬率。

1.5.2 终极所有权结构

借鉴主流文献 La Porta et al.（1999）、Claessens et al.（2000）的做法来定义终极所有权结构的代理变量，具体为：终极所有权（也被称为现金流量权）定义为每条控制链条上持股比例乘积之和，终极控制权定义为每条控制链条上最低的持股比例之和，在此基础上，定义终极所有权和控制权的分离度（下文简称为两权分离度）为终极控制权除以终极所有权。例如，在图 1-3 终极所有权结构框架图中，甲企业拥有乙企业 40%股份，乙企业又拥有丙企业 30%股份，甲、乙、丙三家企业就形成了一条控制链，如果乙企业又拥有丁企业 20%股份，而丁企业又拥有丙企业 10%股份，那么甲、乙、丙、丁四家企业又形成了另一条控制链，由此可以推算，甲企业对丙企业的终极所有权为 12.8%（40%×30%＋40%×20%×10%），终极控制权为 40%（30%＋10%），两权分离度为 3.125（40%÷12.8%）。

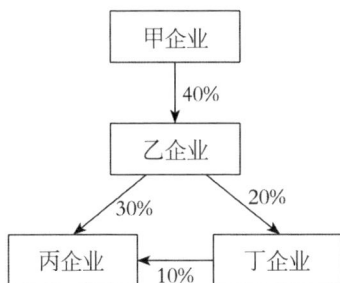

图 1-3　终极所有权结构框架图

第 2 章

文献综述

2.1 —————————— 引言 ——————————

　　本章通过梳理权益资本成本、终极所有权结构和制度环境三方面的研究文献，以确定本书研究的增量贡献，并为本书后续研究奠定坚实的理论基础。本章后续内容的具体结构安排如下：第 2 节是权益资本成本研究综述。本节分别综述权益资本成本的三类影响因素，具体包括风险因子和公司特征、公司治理因素，以及制度环境因素。第 3 节是终极所有权结构研究综述。本节综述终极所有权结构对公司价值、融资决策、盈余管理和股利政策的影响，为下文讨论终极所有权结构和权益资本成本之间的关系奠定基础。第 4 节是制度环境研究综述。制度环境对宏观经济和微观公司都会造成重大影响，但由于本书要探讨的是制度环境对公司权益资本成本的影响。因此，本书综述的内容只界定为制度环境对公司财务的影响，具体包括制度环境对公司价值、公司投融资、盈余管理和股利政策等方面的影响，为下文讨论制度环境对权益资本成本的影响、制度环境和终极所有权结构对权益资本成本的交互影响奠定基础。第 5 节是本章小结，主要是对现有相关文献做一个总体评价，叙述已有文献的研究贡献及可能存在的不足。

2.2 ——————权益资本成本研究综述——————

权益资本成本是公司财务领域较早研究的经典课题，经历半个多世纪的发展仍历久弥新。关于权益资本成本的研究主要是围绕以下两方面来展开的：一方面是探讨如何为权益资本成本推导合理的度量模型；另一方面是研究权益资本成本的影响因素。

归纳已有文献发现，权益资本成本度量模型总体上可以区分为事后权益资本成本度量模型和事前权益资本成本度量模型两大类，前者采用事后的已实现报酬率来度量权益资本成本，而后者采用事前的期望报酬率度量权益资本成本。已有文献认为事后的已实现报酬率不能很好地度量权益资本成本，Fama 和 French（2004）研究表明资本资产定价模型和 Fama-French 三因子模型用于度量权益资本成本的效果较差，它们表现出的共同问题是：难以准确估计模型的风险载荷和风险溢价以及难以区分模型的优劣。相反，采用事前的期望报酬率来度量权益资本成本能够更好地反映公司未来的现金流量及其成长性，更准确地度量预期收益，更能体现资本资产定价理论中资产概念的本质。因此，采用事前的期望报酬率来度量权益资本成本效果更好（Hail 和 Leuz，2006）。但是，对于应该采用哪一个事前模型来度量权益资本成本，事前模型的正确性和经验优越性如何，现有文献尚未达成一致的共识。Penman（1992）研究认为事前的股利折现模型在实际应用中仍存在一个关键问题没有得到很好解决，即股利支付存在很大的主观性，是公司的一种主观行为，采用历史数据难以预测未来股利。Botosan 和 Plumlee（2005）认为，相比其他事前折现模型，采用 GLS 模型（Gebhardt et al.，2001）来度量权益资本成本效果更差。相反，Guay et al.（2011）研究认为采用 GLS 模型能够更好地度量权益资本成本。以上文献表明，权益资本成本的度量仍旧是公司财务中悬而未决的难题（关于权益资本成本度量模型的更详细讨论参见第 3 章）。

2.2.1 风险因子、公司特征与权益资本成本

早前，学者主要关注风险因子、公司特征和宏观经济等对权益资本成本的影响。Fama 和 French（1997）研究发现系统性风险和权益资本成本之间存在显著的正相关关系。Litzenberger 和 Ramaswamy（1979）认为，股票的更高股利回报率会导致更高的市场期望报酬率。Basu（1983）研究发现低市盈率的投资组合有着高于资本资产定价模型所期望的收益率。Bhandari（1988）发现财务杠杆越高，平均收益率也会越高。Chen et al.（1986）、Mcelroy 和 Burmeister（1988）研究表明债务风险溢价、未预期的经济增长和通货膨胀、工业产值等对权益资本成本有着显著的影响。Fama 和 French（1992）研究表明股票报酬率分别与账面市值比和公司规模呈正相关和负相关关系。Brennan et al.（1998）认为，股票流动性的提高会降低股票的期望报酬率。Gebhardt et al.（2001）认为，公司隐含权益资本成本是账面市值比、预期增长率、分析师盈利预测离差以及行业的函数，这些变量能解释隐含权益资本成本 60% 的变异。Hutchens 和 Rego（2012）考察积极避税措施与权益资本成本之间的关系后发现，公司所得税准备金能够显著降低公司的权益资本成本，但是部分积极避税措施并不能够有效降低公司的税收风险，从而也不能够降低公司的权益资本成本。在国内研究方面，陈小悦和孙爱军（2000）、陈浪南和屈文洲（2000）研究发现期望报酬率与贝塔系数的关系不稳定。陈信元等（2001）研究表明期望报酬率与贝塔系数的关系不稳定，与公司规模、账面市值比和流通股占比存在显著关系，而与市盈率和财务杠杆都没有显著关系。苏冬蔚和麦元勋（2004）研究表明中国资本市场中股票预期收益与流动性溢价存在显著关系，换手率越低、交易成本越高的股票，其预期收益越高。叶康涛和陆正飞（2004）发现权益资本成本会受到股票贝塔系数、公司规模、账面市值比、负债率和行业的显著影响。王晓梅和龚洁松（2012）研究认为创业板 IPO 融资成本与其发行规模和负债率负相关。

2.2.2 公司治理与权益资本成本

近年来，从公司治理视角研究权益资本成本方兴未艾，其中成果最为

丰硕的是关于信息披露对权益资本成本影响的研究。财务管理理论文献表明，通过以下两种途径信息披露能够降低权益资本成本：一是通过增强股票流动性、减少交易成本来促使权益资本成本的下降（Diamond 和 Verrecchia，1991）；二是通过降低投资者的信息风险来实现权益资本成本的下降（Easley 和 O´Hara，2004；Lambert et al.，2007）。Botosan（1997）最早研究发现，信息披露水平的提高能够降低公司的权益资本成本。Botosan 和 Plumlee（2002）在他们原有研究基础上再次发现，不同类型信息披露对权益资本成本的影响存在差异，年报信息披露水平提高能够降低权益资本成本，但及时性更强的其他公告披露水平提升反而会导致权益资本成本的提高。Bhattacharya et al.（2003）考察跨国面板数据后发现，一国信息透明度的提高会降低公司的权益资本成本，而且还能够提高公司股票交易量。Gietzmann 和 Ireland（2005）采用英国公司样本实证检验发现，在"激进"会计政策的公司中信息披露水平与权益资本成本显著负相关，但在"保守"会计政策的公司中信息披露水平并不显著影响权益资本成本。Francis et al.（2008）研究发现自愿性披露水平与权益资本成本存在显著的负相关关系，但公司对盈余质量的调节会削弱（甚至消除）自愿性披露水平与权益资本成本之间的负相关关系。Larocque（2009）研究表明，考虑分析师预测偏差后，定期的信息披露与事前期望报酬负相关。He et al.（2013）研究发现，信息不对称与事前权益资本成本显著正相关，盈余预测分散会增加事前权益资本成本，而分析师的分析会降低事前权益资本成本。Larocque（2013）研究表明，分析师预测误差的修正会显著降低权益资本成本，但它并不能改善分析师预测与已实现报酬率之间的关系。在国内研究方面，汪炜和蒋高峰（2004）、曾颖和陆正飞（2006）、吴文锋等（2007）认为信息披露水平的提高会导致公司权益资本成本的下降。于李胜和王艳艳（2007）研究发现应计质量的提高会促使权益资本成本的下降。王艺霖和王爱群（2014）、袁洋（2014）研究发现内控缺陷披露和环境信息披露能够降低公司的权益资本成本。

此外，其他公司治理机制也会影响权益资本成本。Chen et al.（2003）研究发现，在新兴市场经济体中，信息披露机制和非信息披露治理机制（包括纪律性、独立性和问责机制等）都有助于降低权益资本成本，但非信息披露治理机制对权益资本成本的影响更为显著。Ashbaugh et al.（2004）研究表明，公司的盈余信息披露质量、审计委员会和董事会的独立性都与权益资本成本显著负相关，此外，来自于机构投资者和董事成员持股比例的提高会降低公司权益资本成本，而与此相反，大股东持股比例的上升却会提高权益资本成本。Garmaise 和 Liu（2005）通过构建理论模型发现公司治理的无效率和管理者腐败会提高公司的系统性风险，其跨国样本也验证了管理者腐败会提高公司系统风险，进而提高权益资本成本，在投资者法律保护弱的国家效果尤为显著。Cheng et al.（2006）研究表明，股东所拥有的权利、会计信息质量都与权益资本成本显著负相关，同时两者的交互项也会显著影响权益资本成本。Huang et al.（2009）实证研究发现，管理者持股比例的提高会降低权益资本成本，并且管理者持股比例的提高也会削弱股东权利与权益资本成本之间的负相关关系。Suchard et al.（2012）通过考察澳大利亚公司发现，内部人持股比例的升高会降低公司权益资本成本，同时，规模小和独立性强的董事会以及机构大股东的存在也会导致权益资本成本的下降。Chen et al.（2013）研究表明，采用首席执行官薪酬度量的高管薪酬差距与公司的权益资本成本正相关，并且这种正相关关系在自由现金流量的代理问题更尖锐时会更加强烈。在国内研究方面，沈艺峰等（2005）研究发现第一大股东持股比例越高、前五大股东股权集中度越低会促使公司权益资本成本提高。姜付秀和陆正飞（2006）研究发现股权集中度和高管薪酬水平的提高会降低权益资本成本。蒋琰和陆正飞（2009）研究表明，对权益资本成本的影响方面，董事会治理机制和控股机制发挥了显著不同的作用，前者降低权益资本成本，后者提高权益资本成本，而股权结构安排、企业控制权竞争以及管理层薪酬水平对权益资本成本的影响无法确定。周嘉南和雷霆（2014）研究发现，股权激励未能导致公司代理成本下降，相反还推动了代理成本和权益资本成本的上升。

2.2.3 制度环境与权益资本成本

近些年，大量学者关注到制度环境对权益资本成本的影响，发现制度环境差异能够解释权益资本成本的变异性。Demirguc-Kunt 和 Maksimovic

（1998）研究表明，投资者法律保护水平的提高有助于强化对公司内部人的监管，同时也有助于提高公司信息披露质量，进而有利于公司对外筹集长期资金，推动公司发展以及权益资本成本的下降。Lombardo（2000）研究认为，契约的执行度、法律的公正和遵守程度等制度环境的改善会导致投资者预期回报率的下降，进而降低公司的权益资本成本。La Porta et al.（2002）研究发现投资者法律保护水平与外部投资者所受的利益侵占负相关、与获得的投资回报正相关，因此，投资者愿意以更高的价格购买公司证券，降低其对公司要求的回报率，从而降低公司的权益资本成本。Lombardo 和 Pagano（2002）研究发现，制度环境质量（如法律法规的健全、司法效率等）的改善能够提高股票收益率和盈余价格比，此外，会计准则质量的提高会降低平均 IPO 超额收益，这些都会影响投资者的投资风险，导致公司权益资本成本的下降。Himmelberg et al.（2004）研究发现，较弱的投资者法律保护使得内部人无法达到对非系统性风险的充分分散，从而会推高权益资本成本。Hail 和 Leuz（2006）实证研究表明，法律保护体系和资本市场监管制度会导致权益资本成本的系统性差异，更高的披露质量和更严格的市场监管能够降低公司权益资本成本。Chen et al.（2009）研究发现，权益资本成本与公司层面的治理机制存在显著的负相关关系，这一效应在较弱的投资者法律保护下尤为明显。Iatridis（2012）比较普通法系的南非公司和大陆法系的巴西公司后发现，即便公司被高质量审计，制度环境差异仍然会显著影响公司的盈余稳健、代理成本和权益成本，在普通法系的南非，公司层面的业绩、增长水平和市场因素往往会导致更低的权益成本，而在大陆法系的巴西，明显的操控性应计利润、市场贝塔系数和分析师预测分散都会导致更高的不确定，进而提高权益成本。在国内研究方面，沈艺峰等（2005）、姜付秀等（2008）研究认为投资者法律保护能够降低公司的权益资本成本。肖珉（2008）研究发现，法律的建立和法律的实施对权益资本成本的影响存在明显的差异，前者对权益资本成本的作用有限，其作用的发挥只局限在某些特定阶段，相反，典型法律的实施以及地区差异能够显著降低公司权益资本成本。金智（2013）研究表明，违反社会规范的公司可能会披露更高质量的财务信息，但由于其违反社会规范在前，从而未能降低公司权益资本成本。

2.3 —— 终极所有权结构研究综述 ——

2.3.1 终极所有权结构与公司价值

终极所有权、终极所有权和控制权的两权分离会影响到公司价值。Bebchuk et al.（2000）研究认为，终极所有权和控制权的两权分离主要通过以下方式来实现：金字塔股权结构、交叉持股和双重投票权，两权分离会产生较大的代理成本，进而降低公司价值。Lemmon 和 Lins（2003）考察了 1997 年东亚金融危机时期所有权结构对公司价值的影响，研究表明，在金融危机时期，存在剥夺中小股东利益的公司其托宾 Q 和股票收益率都要比其他公司低，而在金融危机发生之前，没有证据表明存在两权分离的公司相比其他公司其业绩水平有着系统性差异，这一研究发现表明，当投资机会减少时，两权分离会强化内部人对中小股东的掠夺动机。Claessens et al.（2002）考察 8 个东亚经济体 1 301 家上市公司样本后发现，两权分离的公司产生的代理成本要远高于有着较高终极所有权的公司，并且随着大股东控制权的增加，公司价值也会下降，这一消极影响在控制权与现金流量权出现较大背离时尤为严重。Denis 和 Mcconnell（2003）研究发现，许多国家存在大股东的控制权超过其现金流量权，这使得在美国公司中存在的基本代理冲突——专业经理和分散持股股东之间的代理冲突在许多国家并不是非常的重要，这些国家最重要的代理冲突是大股东和中小股东之间的冲突，进一步还发现，两权分离的公司存在明显的控制权私有收益，导致公司价值的下降。Baek et al.（2004）研究发现，股东投票权远高于现金流量权的公司以及更多银行债务的公司有着显著更低的资金回报，与此类似，高度股权分散的公司、高财务杠杆的公司和规模小风险高的公司也有着更低的资金回报，而资金回报下降会降低公司价值。Almeida 和 Wolfenzon（2006）研究发现，对于家族企业来说，选择金字塔企业集团是有效率的，然而从社会福利角度看，这种效率却会损害公司价值。Hughes et al.（2009）研究表明控股股东的存在会降低公司价值，其原因可能是来自于代理问题——控股股东有掠夺中小股东的动机，控制股东可以通过以下方式来获取掠夺收益：转移商业利益给其他公司以获取私人利益，任命家族成员管理公司，给公司主管过多的报酬，而当控股股东拥有的投票权与现金流量权相同时，公司价值会更高，因为此时控股股东和中小股东的利益趋于一致，都有努力提高公司价值的动机，控制权私利会随着控股股东现金流量权的增加而减少，此时的现金流量权被看作是一种财务激励——能减轻终极控制股东对公司资源的掠夺。

在国内研究方面，叶勇和黄雷（2004）研究发现，终极控制股东的存在会加深控股股东对小股东的利益侵占，不仅有大股东对小股东的利益侵占，还包括两权分离度造成的终极控制股东对小股东的利益侵占，最终会损害公司价值。王力军（2006）研究发现，中国民营上市公司存在较为严重的控制权和现金流量权的两权分离，当现金流量权增加时，终极控制股东与其他中小股东的利益趋于一致，会产生正面的"激励效应"，有助于公司价值的提高，而两权分离会产生负面的"侵害效应"，有损公司价值，其分离度越高越会降低公司价值。叶勇等（2007）研究表明，隐性终极控制股东在中国上市公司中广泛分布，他们通过特定股权安排造成两权分离（如金字塔股权结构），且分离度越高越会降低公司价值。陈晓红等（2007）研究发现，作为终极控制股东的中国家族企业有掠夺其他中小股东的动机和行为，而这种掠夺动机和行为在家族企业控制更多上市公司时会进一步加剧。牛建波和李胜楠（2007）研究发现，控制权和现金流权的分离会降低公司价值，并且两权分离度还会强化年度董事会召开次数与公司价值之间的正相关关系，即两权分离度越高，董事会在年度内召开会议的次数越多，进而会提高公司价值。刘星和安灵（2010）研究表明，中国上市公司所有权集中会导致股权堑壕效应和利益趋同效应同时存在，这两种效应在市县级政府以及非政府控制下的上市公司最为明显，同时终极控制权和所有权的分离还会降低公司绩效。

另外，终极所有权性质也会影响公司价值。Jensen 和 Meckling（1979）研究认为国有公司由于缺乏有效的监管，往往会出现远比家族控股公司更大的代理成本，从而降低公司价值。Lin et al.（1998）研究认为国有企业由于承担了许多社会责任，诸如经济发展、社会稳定、就业、税收等，这会降低公司价值。Fan et al.（2005）研究表明中国民营公司相比国有公司存在着更高的所有权和控制权的分离度，降低了民营公司的治理水平。Jiang et al.（2010）研究发现非国有公司、欠发达地区公司更有可能发生终极控制股东对中小股东的利益侵占。Calomiris et al.（2010）研究表明政府作为终极控制股东有助于提高公司价值。夏立军和方轶强（2005）研究认为政府通常会把社会负担转嫁给由其控制的国有企业，而目前中国的法律法规又难以有效约束政府的权力，从而导致政府控制的国有企业价值降低。罗党论和唐清泉（2008）研究发现中国资本市场上尽管普遍存在金字塔结构，但是在不同的所有制结构中，两权分离度和金字塔层级对中小股东的利益保护有着巨大差异，在民营企业，两权分离度和金字塔层级对中小股东的利益侵占有着显著的影响，而在国有企业中并没有发现这种显著影响。肖作平（2010）研究发现终极所有权结构是影响公司业绩的重要因素。程仲鸣（2010）研究发现民营企业存在着比国有企业更高的两权分离度，终极控制股东有着更强的掠夺动机。南开大学公司治理评价课题组（2010）研究表明控股股东所有权性质对公司治理具有显著影响，国有公司每年的公司治理指数均值都要高于民营公司，这说明国有公司的公司治理状况要明显好于民营公司。魏卉等（2011）认为国有公司能够从政府中获得诸如财政补贴、税收优惠、市场准入资格等各种政府优待，加上政府信誉的隐形风险担保，最终会降低公司的权益资本成本、提高公司价值。宋常等（2012）研究发现，国有公司由于承担了更大的社会责任和政治成本，这会导致其一方面限制自身的盈余管理行为，另一方面更有动机去降低公司的风险。

2.3.2　终极所有权结构与融资决策

终极所有权和控制权的两权分离通过非稀释壕沟效应和隧道效应影响公司融资决策（Du和Dai，2005）。处在起步成长阶段的公司需要筹集大量的资金，终极控制股东为避免股权稀释而失去控制权，更偏好于债务融资，体现为非稀释壕沟效应；处在成熟阶段的公司已经拥有较为充足的现金流，为避免债务风险过高而陷入破产清算的财务危机中，进而阻碍终极控制股东对中小股东的利益侵占，终极控制股东更偏好于股权融资，体现为隧道效应。Du 和 Dai（2005）考察东亚经济体的公司样本后发现，处于扩展阶段的金字塔股权结构公司更偏好债务融资，因为债务融资不会稀释控制股东的股权，进而威胁到他们对公司的控制地位；此外，作者通过回归分析进一步发现，两权分离度与公司财务杠杆存在显著的负相关关系，更高的两权分离度通过非稀释壕沟效应会提高公司的财务杠杆比率，但是当公司经营进入正轨和驶入稳定的高回报阶段时，终极控制股东会偏好股权融资，更高的两权分离度通过"隧道效应"会提高公司财务杠杆比率。Bany-Ariffin et al.（2010）研究认为，当上市公司现金流量权和控制权相分离时，终极控制股东的非稀释壕沟效应使得公司具有更高的杠杆比率；公司的债务融资水平与公司价值存在显著的负相关关系，究其原因主要是终极控制股东是基于公司控制目的而非公司价值最大化目标去提高债务融资水平。Cespedes et al.（2010）研究发现，拉美地区中所有权集中度较高的公司其所有权与财务杠杆比率存在正相关关系，这与所有权集中度较高的公司不偏好股票融资以避免失去控制权的非稀释壕沟效应相一致，与此相反，所有权集中度较低的公司其所有权与债务杠杆存在负相关关系，表明不存在控制权威胁的情况下，终极控制股东可能会偏好股权融资而厌恶债务融资。Paligorova 和 Xu（2012）研究发现，终极控制股东有提高债务杠杆比率的动机，其目的是为了对上市公司进行掠夺，而并不是加强对企业的控制；由于金字塔股权结构公司比其他类型公司更加信息不对称，公司利用负债进行掠夺就更加隐蔽，导致公司提高债务融资比例，因此，由同一终极控制股东所控制的金字塔股权结构公司相比其他公司有着更高的财务杠杆比率；在有着更好投资者法律保护的国家或地区，金字塔股权结构公司具有更低的财务杠杆比率，因为在这些国家中通过债务进行掠夺的成本会更高。在国内研究方面，孙健（2005）研究表明，存在两权分离的公司相比不存在两权分离的公司其债务比率和控制权私有收益都更高，即终极控制股东通过增加负债获取更多可控资源，以此实现控制权私有收益。肖作平（2012）研究发现，公司的债务水平与终极所有权正相关、与终极控制权及两权分离度负相关。

此外，终极所有权性质也会影响到公司融资决策。Malatesta 和 Dewenter（2001）研究发现，国有控股公司相比非国有控股公司有着更高的债务杠杆，但其业绩表现却更差。Li et al.（2009）考察中国上市公司样本后发现，中国国有控股公司相比外资控股公司债务杠杆比率更高，更愿意选择长期贷款；非国有控股公司相比国有控股公司更愿意降低它们的总债务水平和短期债务水平；国有控股公司因长期债务融资的便利性使得它们更愿意进行长期投资，但其业绩表现更差。

2.3.3 终极所有权结构与盈余管理

终极所有权、终极所有权和控制权的两权分离会影响到公司盈余管理。Fan 和 Wong（2002）考察东亚经济体上市公司样本后发现，终极所有权和控制权的增加会降低会计盈余信息质量，因为终极控制股东为避免其侵占中小股东利益的掠夺行为被曝光，有着强烈的意愿去操纵会计盈余信息。Leuz et al.（2003）研究发现相对分散的所有权结构会降低盈余管理水平。Haw et al.（2004）研究发现终极所有权和控制权的两权分离会增强上市公司的盈余管理行为。Francis et al.（2005）通过比较美国单一股权结构公司和双重股权结构公司后发现，会计盈余信息含量相比股利信息含量在单一股权结构公司中包含更多，而在双重股权结构公司中没有发现显著差异。Kim 和 Yi（2006）考察韩国上市公司样本后发现，终极所有权和控制权的两权分离会加剧终极控制股东和外部投资者的代理冲突，为掩盖控制权私利行为，终极控制股东有着强烈盈余管理的动机。Ding et al.（2007）研究发现中国上市公司所有权集中度会影响其盈余管理，两者受壕沟效应及利益协同效应的影响而呈现倒"U"型关系。Torres et al.（2010）研究发现巴西上市公司所有权集中度与会计盈余信息质量负相关。在国内研究方面，王俊秋和张奇峰（2007）考察中国家族控制公司样本后发现，终极所有权增加会提高会计盈余信息质量，相反，两权分离度的提高会导致会计盈余信息质量的下降。纪信义和曹寿民（2010）考察台湾上市公司样本后发现，终极所有权和控制权的两权分离会强化公司的盈余管理行为，伴随着终极控制权、两权分离度以及控股股东担任董事比率的增加，公司的盈余管理行为也会随之增加。

2.3.4　终极所有权结构与股利政策

终极所有权、终极所有权和控制权的分离会影响到公司股利政策。Faccio et al.（2001）研究发现：（1）亚洲公司相比欧洲公司被家族或团体松散控制（控制比例超过10%但不足20%）的更多，被家族或团体控制的公司占样本公司比例在欧洲是2.94%，在亚洲是15.44%。这些被家族或团体松散控制的公司有着更低的股利支付，并随着控制权和现金流量权分离度的提高，股利支付率也随之下降，究其原因是不透明的松散的控制链条使得投资者和分析师很难发现控制链出现在哪里，更别说发现不公正的关联交易，而这种表面上较弱的官方控制链条实际上会通过不透明的代理人账户和大股东的合谋得到加强。（2）虽然大多数欧洲公司与亚洲公司一样为家族或团体所控制，但其受控制程度更为严密，投资者对此类公司的利益剥夺更敏感，因此，这些公司倾向于高派现的股利政策，尤其是控制权和现金流量权分离度高的公司。（3）低股利支付问题的解决需要提高公司的信息透明度，以便揭示公司的控制链条以及大股东之间的合谋侵权行为，同时还需要法律法规赋予中小股东更大的权利，比如降低阻止重大议案需要的最低票数、允许召开临时股东大会、可以提起集体诉讼。Leung（2004）考察了9个东亚国家和13个欧洲国家从1990年至2000年的样本后发现，终极所有权和控制权分离度更高的终极控制股东为掩盖其对中小股东的利益侵占行为倾向于支付更高的股利。

在国内研究方面，邓建平和曾勇（2005）研究认为，家族控制公司股利的分配是基于家族利益而非降低管理层对自由现金流量的滥用。在家族控制公司中，更高的终极所有权导致家族倾向支付更高的股利，而更高的两权分离度会促使家族少分配（甚至不分配）现金股利。朱滔和王德友（2007）研究发现，公司现金股利与终极所有权是正相关关系、与终极所有权和控制权的两权分离度是负相关关系。王毅辉和李常青（2010）研究认为，更高的终极所有权和终极控制权会提高公司的股利支付水平。王爱国和宋理升（2012）研究发现，当终极控制股东通过IPO获得公司控制权后，终极控制权和终极所有权都与股利支付呈正相关关系，但其两权分离度与股利支付呈负相关关系。张俭和石本仁（2014）研究表明终极所有权和控制权的两权分离会降低公司的股利支付水平，两权分离度与股利支付水平呈负相关关系。

同样，终极所有权性质也会影响到股利政策。Gugler（2003）研究发现，政府控制公司会进行股利的平滑，而家族控制公司却不会，它们会选择显著更低的目标股利水平。与此一致，当有必要削减股利时，政府控制公司最不情愿削减，而家族控制公司最情愿削减，银行和外资控制公司的股利行为介于两者之间，这一结果与预期的信息不对称程度和代理成本相一致。以上的结果通常适用于拥有良好投资机会的公司，而对于较低成长性的公司，无论是被什么产权控制，都会支付较高现金股利。Yoshikawa和Rasheed（2010）研究认为，家族控制上市公司尽管存在较低的委托人和代理人之间的冲突，但是可能存在较高的委托人和委托人之间的冲突，家族控股股东可能会剥夺中小股东的财富，并用更好的公司业绩和更高的股利分配来表明不存在对中小股东的剥夺，家族控制与股利支付呈现正相关关系，并随着其控制权提高，股利支付水平也会提高。外国资本会影响家族的控制，导致公司股利的减少以及利润的增长，而银行资本并无此影响。Chen et al.（2009）研究发现，更高所有权集中度的政府控制公司会支付显著更高的股利，刚发生资本市场筹资行为的公司也更可能支付更高的股利，其进一步研究还发现，股利的增长不一定与更高的同步发生的股利报酬率相联系的，因为有些公司倾向于通过支付较高的股利来进行"壕沟行为"，从而抵消了股利传递信号和控制自由现金流量的积极效应，进一步支持了观点——股利可能被控股股东用于掏空上市公司的资源。Kouki和Guizani（2009）考察突尼斯公司样本后发现，公司所有权性质与股利支付存在显著的相关性——机构所有权和国家所有权都与股利支付显著负相关；公司前5大股东股权比例、自由现金流量、投资机会与股利支付显著正相关；公司规模、财务杠杆与股利支付显著负相关。在国内研究方面，王化成等（2007）研究表明国有控制公司相比民营控股公司有着显著更低的股利分配。宋玉和李卓（2007）研究认为政府控制公司倾向于分配更高的现金股利。王彩萍和李善民（2011）研究发现，机构投资者持股会提高公司的股利支付，发挥公司治理作用，但是这种作用会因为终极控制股东的国有性质受到削弱。

2.4 ——————————— 制度环境研究综述 ———————

制度环境除了影响前文提及的权益资本成本外，还会影响到公司财务的其他方面，诸如公司价值、融资决策和股利政策等。

2.4.1 制度环境与公司价值

La Porta et al.（2002）研究发现，良好的投资者法律保护能够提高公司价值，当投资者法律保护水平较差时，更高的终极所有权有助于提升公司价值，这些发现表明法律保护能够抑制终极控制股东对中小股东的利益侵占，此外，作者还进一步发现，良好的投资者法律保护还有助于资本市场的发展以及公司信息披露水平的提高。Claessens et al.（2002）研究发现，银行系统、法律制度和信息披露制度等制度环境质量的改善有助于降低终极控制股东侵占中小股东利益的壕沟效应，提升公司价值。Denis 和 Mcconnell（2003）研究表明，法律保护体系会影响资本市场结构和公司治理体系，进而影响到公司价值，更强的法律保护有助于保障分散股权的利益，而更弱的法律保护往往促使股权集中。Dyck 和 Zingales（2004）研究表明媒体监督能够通过声誉机制抑制终极控制股东的掠夺行为。此外，产品市场竞争也有助于抑制终极控制股东转移公司资源，这些制度因素都对公司价值发挥了正面影响。Hughes（2005）考察英国公司样本后发现，终极所有权和控制权的分离会降低公司价值，但投资者法律保护会抑制终极控制股东对公司价值的掏空行为。Hughes（2009）考察西欧国家公司样本后发现，投资者法律保护对公司价值的正面作用在更好的公司治理机制下（如更低的两权分离度）会受到削弱，两者存在一定程度上的替代关系，作者进一步研究发现，股东法律保护和债权人法律保护对公司价值产生两种相反作用，股东法律保护与公司价值正相关，债权人法律保护与公司价值负相关（可能是因为公司陷入债务危机时债权人有权对其严格监管）。余玉苗和王宇生（2012）研究表明，在抑制终极控制股东的掠夺行为、提升公司价值方面，法律制度能够替代独立审计治理的作用，降低公司的监管成本。肖作平（2012）研究发现投资者法律保护能够提升公司价值。冯锐和李胜兰（2015）研究认为法律制度完善有助于资本市场的建设以及公司价值的提升。

2.4.2 制度环境与公司投融资

Demirguc-Kunt 和 Maksimovic（1996）、Booth et al.（2001）研究认为更发达的资本市场会降低公司的债务水平。Demirguc-Kunt 和 Maksimovic（1998）研究表明投资者法律保护水平的提高会激励公司增加对外的长期融资。Giannetti（2003）研究认为更高的制度环境质量能够降低控股股东和债权人的代理冲突，更好地保护债权人的利益，进而提高公司的债务杠杆和债务期限。Bancel 和 Mittoo（2004）研究发现，法律制度环境会显著影响公司债务融资，但难以有效影响公司普通股融资。Iturriaga（2005）研究表明，投资者法律保护的立法和实施、信息披露水平都会显著影响到公司的债务融资。Khwaja 和 Mian（2005）研究发现更强的政治关联有助于公司获得更多的银行贷款和更低的贷款利率。Mallick 和 Yang（2011）研究认为金融发展水平与公司投资效率存在正相关关系，金融发展水平越低，公司投资效率也越低。Fan et al.（2012）研究表明，更高的投资者法律保护水平会降低公司债务水平、提高公司债务期限，此外，更发达的银行系统会提高公司的短期债务。Oztekin 和 Flannery（2012）研究表明，制度环境质量改善能够降低资本结构调整过程中的交易成本，进而加快其调整的速度。杨兴全等（2011）研究发现地区市场化水平与公司资本投资价值正相关，但这种正相关关系会因为政府控制而受到削弱。吕峻（2012）研究发现政府干预水平与过度投资显著正相关。肖作平和廖理（2012）研究认为，法律制度环境的改善会提高公司的债务水平，同时还能够减缓两权分离度与债务水平的正相关关系。翟胜宝等（2014）研究发现，银企关系能够提升公司的投资效率，在市场化程度更低的地区，银企关系对公司投资效率的提升更为显著。何青和商维雷（2014）研究认为激烈的产品市场竞争会抑制公司的固定资产投资。

2.4.3　制度环境与盈余管理

La Porta et al.（1998）研究认为投资者法律保护能够有效约束公司的盈余管理行为。Leuz et al.（2003）研究认为，终极控制股东有侵占外部中小股东利益的动机，为此终极控制股东可能会进行盈余操纵，以便掩盖其掠夺行为，更高的投资者法律保护有助于降低终极控制股东的盈余管理。Doidge et al.（2004）研究认为，制度环境质量会影响公司的信息披露、盈余管理和治理机制，在较差投资者保护的国家，相比公司内部治理机制，法律制度和法律外制度因素等公司外部治理机制更有助于公司治理水平的提高。Lang et al.（2006）比较美国公司和其他国家公司后发现，更强的投资者保护（如美国）有助于降低公司盈余管理，相反，更弱的投资者保护会导致盈余管理的增加。Burgstahler et al.（2006）比较欧洲的国有公司和民营公司后发现，民营公司有着更强的盈余管理，而良好的法律制度环境会削弱国有和非国有公司中的盈余管理。张继袖和周晓苏（2007）研究表明，在较弱的投资者法律保护地区，投资者法律保护能够降低盈余管理水平，但在较强的投资者法律保护地区，投资者法律保护对盈余管理的作用不显著。潘越等（2010）研究表明投资者法律保护会削弱社会资本与 IPO 盈余管理之间的负相关关系。王永杰（2011）研究发现地区较高的金融生态环境有助于提高盈余质量。赵玉洁（2013）研究发现投资者法律保护和分析师跟进都会降低公司的正向盈余管理，并且在较弱的投资者法律保护地区，分析师跟进对正向盈余管理的作用更为显著。

2.4.4　制度环境与股利政策

La Porta et al.（2000）提出结果模型和替代模型两个理论模型来分析法律保护水平与现金股利之间的关系，结果模型推断法律保护水平提高会导致更高的现金股利，替代模型推断现金股利能够替代投资者法律保护的作用，其后来的实证检验结果验证了结果模型的推断，即更高的法律保护水平能够提高现金股利水平。Faccio et al.（2001）比较东亚公司和西欧公司后发现，投资者法律保护更强的西欧公司相比东亚公司其股利支付水平更高。Leung（2004）考察东亚和西欧国家公司样本后发现，良好的法律体制以及健全的法律外体制（比如较高的反董事权、高水平的信息披露标准和良好的舆论监督）能够更好地保护中小股东的利益，进而能够降低外部投资者对终极控制股东利益侵占的敏感度，此时终极控制股东倾向于支付更低的股利；更强的法律外投资者保护相比更弱的法律外投资者保护有助于提高公司的股利支付水平；在影响终极控制股东通过支付高额股利掩盖其掠夺行为方面，法律外的投资者保护机制至少和法律内的机制是具有同等作用的。刘志强和余明桂（2009）研究认为投资者法律保护和产品市场竞争都有助于提高公司股利支付水平，在较弱的投资者法律保护环境下，产品市场竞争对股利支付的正面影响尤为显著。杨颖（2010）研究发现，在终极所有权结构不变的条件下，投资者法律保护会降低股利支付水平，但股利支付水平的真正决定因素仍然是终极所有权和控制权。赵中伟（2012）比较内地和香港公司后发现，香港更强的投资者法律保护提高了公司股利支付的水平。刘金星和宋理升（2013）研究发现拥有政治关联的终极控制股东会增加公司分派现金股利的概率，而且政治关联的级别越高越能够提高股利分派的概率，但其研究进一步发现，终极控制股东的政治关联以及关联的级别并不会影响股利分派的数量。张俭和石本仁（2014）研究认为，良好的制度环境会削弱两权分离度与股利支付水平的负相关关系。

2.5 本章小结

通过国内外研究现状可以发现：

（1）财务学界对权益资本成本的研究迄今已有半个多世纪的历史，但对于应该采用何种模型来度量权益资本成本，如何认定其正确性和经验优越性，现有文献尚未达成一致的共识。因此，对于中国资本市场来说，评估众多权益资本成本度量模型中何种模型更适合中国资本市场仍然是目前亟须解决的问题。

（2）早前权益资本成本影响因素的研究主要集中在风险因子、公司特征和宏观经济因素方面。最近的研究开始关注公司治理对权益资本成本的影响。但这些主要集中在信息披露、董事会结构、机构投资者、管理者或大股东的直接持股比例等治理机制如何影响权益资本成本方面。目前，尽管也有很少量文献初步探讨了终极所有权结构和权益资本成本之间的关系（黄登仕和刘海雁，2010），但仍余有关键问题没有得到解决，例如：在不同终极所有权性质下，终极所有权、两权分离度与权益资本成本之间的关系是否有显著差异；在探讨终极所有权性质（或终极控制人类型）与权益资本成本关系时，已有文献把终极所有权性质只划分为国有和非国有两类，这是否能够很好区分和刻画中国复杂的各种所有权成分特性，是否能够清晰区分不同所有权性质下权益资本成本的显著差异。

（3）近年来，从制度视角研究权益资本成本成为热点。但先前的研究主要集中在法律制度对权益资本成本的影响，鲜有涉猎法律外的制度因素，如政府行政管理、金融发展、产品市场发育、媒体报道和社会诚信等。然而，除法律之外的其他制度因素（如产品市场竞争、媒体报道和政府监管等）在抑制终极控制股东的掠夺行为和盈余管理中扮演着重要角色（Dyck 和 Zingales，2004；Haw et al.，2004）。因此，法律和法律外的制度因素都可能是影响权益资本成本的重要因素。

（4）终极所有权结构与制度环境对权益资本成本的交互效应至关重要，这使得我们能够观察到终极所有权结构与权益资本成本之间的基本关系如何随着制度环境质量的不同而变化。先前的研究没有考虑这一重要的效应，无法深刻把握制度环境对权益资本成本的作用机理。

第 3 章

权益资本成本的度量及其适用性评价

·

3.1 ———————————— 引言 ————————————

长久以来，许多学者不断探索权益资本成本的度量问题，开发了众多权益资本成本的度量模型。通过梳理已有相关研究文献，可以发现权益资本成本的度量模型主要是基于两方面展开的：一是采用事后的已实现报酬率度量权益资本成本，二是采用事前的期望报酬率来度量权益资本成本。采用事后的已实现报酬率度量权益资本成本的模型主要包括资本资产定价模型（CAPM 模型）、套利定价模型（APT 模型）和 Fama-French 三因子模型，我们称之为事后权益资本成本度量模型。采用事前的期望报酬率度量权益资本成本的模型主要包括 Gordon 增长模型、剩余收益模型和异常盈余增长模型，其中，剩余收益模型包括 CT 模型和 GLS 模型，异常盈余增长模型包括 ES 模型和 OJ 模型（ES 模型按照其前提假设条件的严格程度从松到紧划分为四个模型，AGR 模型、MPEG 模型、PEG 模型和 EP 模型），这些模型都称为事前权益资本成本度量模型。以上所列模型都有各自适用的主要范围、前提条件、数据来源和计算步骤。目前文献对何种模型能更好地度量权益资本成本还没有取得一致的共识（Botosan 和

Plumlee，2005）。权益资本成本的度量一直是公司财务研究的难题，也是本项目需要解决的关键问题之一。西方发达国家开发出来的众多权益资本成本度量模型未必在中国都适用，相关度量模型计算所需的数据在中国也未必都能获得。因此，我们需要结合中国的实际情况（如股票事后收益率的异常性、中国财务分析师预测数据不足且质量较差）探索适合中国上市公司权益资本成本的度量方法。

　　本章后续内容的结构安排如下：第 2 节是权益资本成本主要度量模型综述。本节结合文献研究和对比研究法，分别对事后和事前权益资本成本度量模型进行系统的梳理和比较，理清权益资本成本度量模型的发展脉络，明确各种模型的估算程序和相关的数据要求。第 3 节是权益资本成本度量模型在中国的适用性评价。在第 3 节中，本书采用相关性分析和多元回归分析分别检验权益资本成本是否与下一年已实现报酬率存在显著正相关关系、权益资本成本与风险因子之间的关系是否显著并符合理论预期。第 4 节是中国权益资本成本现状分析。本节按照年度和行业叙述中国权益资本成本的现状。第 5 节是本章小结。

3.2 ———— 权益资本成本主要度量模型综述 ————

3.2.1　事后权益资本成本度量模型

1）资本资产定价模型

Sharpe（1964）在市场投资组合理论和资本市场理论的基础上提出了资本资产定价模型（简称 CAPM 模型），该模型被广泛应用于投融资项目评估和企业价值估算等方面，为资本市场证券定价奠定了基础。资本资产定价模型认为资产的期望报酬率取决于两个因素，即无风险收益率和由系统风险所决定的风险溢价。该模型以简洁的方式阐释了收益和风险之间的关系。由于资本市场中投资者的预期收益率也可以看作是公司的资本成本，因此资本资产定价模型也常用于度量权益资本成本。CAPM 模型具体见式（3-1）。

$$E(R_i) = R_f + \beta_i \times [E(R_m) - R_f] \tag{3-1}$$

其中，$E(R_i)$是资产i的期望收益率，R_f是无风险收益率，β_i是资产i的贝塔系数，$E(R_m)$是市场组合收益率。$E(R_i)$也可以看作是资产i所属公司的权益资本成本。

2）套利定价模型

Ross（1976）在CAPM模型的基础上提出了套利定价模型（APT模型），它是CAPM模型的拓展，认为在一个有效率的市场中，当市场处于均衡状态时，应该不存在无风险套利的机会，根据无套利原则，Ross研究认为均衡市场中资产的期望收益率取决于一组风险因子——不仅仅取决于市场组合的超额收益率，是未知数量的未知风险因子的线性组合。具体见式（3-2）。

$$E(R_i) = R_f + \beta_1 RP_1 + \beta_2 RP_2 + \beta_3 RP_3 + \cdots + \beta_n RP_n \tag{3-2}$$

其中，$E(R_i)$是资产i的期望收益率（即权益资本成本），R_f是无风险收益率，β_1至β_n是因子载荷，RP_1至RP_n是因子风险溢价。

3）Fama-French三因子模型

Fama和French（1993）研究发现影响资产期望收益率的因素除了市场组合的超额收益（市场组合收益率减去无风险收益率）以外，还包括公司规模和账面市值比。具体来说，期望报酬率取决于市场组合的超额收益、模拟投资组合SML（小规模市值股票组合超出大规模市值股票组合的收益）和模拟投资组合HML（高账面市值比股票组合超出低账面市值比股票组合的收益），是三者的线性组合，具体见式（3-3）。

$$E(R_i) - R_f = b_i[E(R_m) - R_f] + s_i E(SML) + h_i E(HML) \tag{3-3}$$

其中，$E(R_i)$是资产i的期望收益率（即权益资本成本），R_f是无风险收益率，$E(R_m)$是市场组合收益率，$E(SML)$和$E(HML)$分别是模拟投资组合SML和HML的期望收益率，b_i、s_i和h_i分别是方程回归后的系数，回归方程见式（3-4）。

$$R_i - R_f = \alpha_i + b_i(R_m - R_f) + s_i SMB + h_i HML + e_i \tag{3-4}$$

其中，α_i是截距，e_i是随机误差项。

4）事后权益资本成本度量模型的总体评价

对于以上采用已实现报酬率模型来估算预期收益率是否恰当的问题，已有文献进行了大量讨论。Fama 和 French（1992）研究发现公司股票的期望报酬率与其贝塔系数并没有显著的正相关关系。Kothari et al.（1995）研究认为 Fama-French 三因子模型存在样本选择偏误，缺乏普适性，只适用于特定样本。Daniel 和 Titman（1997）发现股票风险溢价与Fama-French 模型中的三因子没有显著关系，股票的期望收益率更多取决于公司特征因素。Fama 和 French（1997）研究认为无论是资本资产定价模型还是 Fama-French 三因子模型都存在风险因子及其载荷估计不准确、估计模型优劣难以判断等问题。总体上说，用事后的已实现报酬率来替代事前的期望报酬率，并作为权益资本成本的度量模型是非常不准确的（Elton，1999）。已实现报酬率模型的假设前提是：在有效市场中，已实现收益能够正确估算风险及其载荷，能够对风险正确定价。事实上，资本市场往往并不是有效的，事后的已实现报酬会受到各种"噪音"的影响，各种信息冲击无法相互抵消，难以实现对未来收益的无偏估计，大量的实证研究已经发现了这一问题（Fama 和 French，1997；Gebhardt et al.，2001；Claus 和 Thomas，2001）。

3.2.2　事前权益资本成本度量模型

1）Gordon 增长模型

Gordon 和 Gordon（1997）根据股利折现模型提出了 Gordon 增长模型，它假定股票价格等于未来股利的折现值。Gordon 增长模型把无限期估值模型转化成有限期估值模型，其最后一期的股利假定为 T 期的资本化收益（即会计盈余除以权益资本成本）。模型具体见式（3-5）。

$$M_t = \sum_{k=1}^{T-1} \frac{E_t(D_{t+k})}{(1+R_e)^k} + \frac{E_t(E_{t+T})}{R_e(1+R_e)^{T-1}} \tag{3-5}$$

其中，M_t 为 t 年末公司权益的市场价值，R_e 为公司权益资本成本（记为 COE_GGM），$E_t[\cdot]$ 为基于截止 t 年的信息所获得的市场预期值，D_{t+k} 为 t+k 年公司支付的股利，E_{t+k} 为 t+k 年公司的会计盈余。T 通常有两种取值方法：一是 T 等于 1，这时权益资本成本（记为 COE_EP）等于公司会计盈余除以其权益市场价值；二是 T 等于 5，这时根据公司未来 5 年的会计盈余预测数据及其当年的权益市场价值，通过式（3-5）可以推导出权益资本成本（记为 COE_GGM）。

2）剩余收益模型

（1）CT 模型

Claus 和 Thomas（2001）认为公司的股票价格等于其账面价值加上未来剩余收益的折现值，这是一种股利折现的思想。CT 模型对未来收益的预测期为 5 年，5 年后假定剩余收益按照预定的通货膨胀率固定增长。具体模型见式（3-6）。

$$M_t = B_t + \sum_{k=1}^{5} \frac{E_t[(ROE_{t+k} - R_e) \times B_{t+k-1}]}{(1+R_e)^k} + \frac{E_t[(ROE_{t+5} - R_e) \times B_{t+4}] \times (1+g)}{(R_e - g) \times (1+R_e)^5} \qquad (3-6)$$

其中，M_t 和 B_t 分别为 t 年末公司权益的市场价值和账面价值，R_e 为权益资本成本（记为 COE_CT），$E_t[\cdot]$ 为基于截至 t 年的信息所获得的市场预期值。$(ROE_{t+k} - R_e) \times B_{t+k-1}$ 为 t+k 年的剩余收益，ROE_{t+k} 为 t+k 年的净资产收益率，B_{t+k} 为基于"干净盈余"的权益账面价值，$B_{t+k} = B_{t+k-1} + E_{t+k} - D_{t+k}$，其中 D_{t+k} 为 t+k 年公司支付的股利。g 为通货膨胀率，设定为当前无风险收益率（R_f）减 3%。

（2）GLS 模型

GLS 模型和 CT 模型都是基于剩余收益的思想，认为公司的股票价格等于其账面价值加上未来剩余收益的折现值。但它们在估值时采用的方法并不相同，GLS 模型需要估算未来 12 年的会计盈余，可以把该期间区分为 3 个阶段，未来前 3 年为预测期，其净资产收益率使用分析师的盈余预测数据，从第 4 年至第 11 年净资产收益率线性退化到过去 10 年行业平均的净资产收益率，第 12 年及以后始终等于行业平均的净资产收益率。

$$M_t = B_t + \sum_{k=1}^{11} \frac{E_t[(ROE_{t+k} - R_e) \times B_{t+k-1}]}{(1+R_e)^k} + \frac{E_t[(ROE_{t+12} - R_e) \times B_{t+11}]}{R_e \times (1+R_e)^{11}} \qquad (3-7)$$

其中，M_t 和 B_t 分别为 t 年末公司权益的市场价值和账面价值，R_e 为权益资本成本（记为 COE_GLS），$(ROE_{t+k} - R_e) \times B_{t+k-1}$ 为公司 t+k 年的剩余收益，$E_t[\cdot]$ 为基于截至 t 年的信息所获得的市场预期值。ROE_{t+k} 为 t+k 年的净资产收益率，当 k = 1，2，3 时，定义为 t+k 年公司的会计盈余

E_{t+k} 除以上一年的权益账面价值 B_{t+k-1}，当 $4 \leq k \leq 11$ 时，假定 ROE_{t+k} 等差回归到过去 10 年的行业中位数（计算时剔除亏损公司样本），当 $k \geq 12$ 时，假定 ROE_{t+k} 恒等于过去 10 年行业中位数的常数。B_{t+k} 为基于"干净盈余"的权益账面价值，$B_{t+k} = B_{t+k-1} + E_{t+k} - D_{t+k}$，其中 D_{t+k} 为 $t+k$ 年公司支付的股利。

3）异常盈余增长模型

（1）ES 模型

Easton（2004）从最基本的股利折现模型进行推演得到 AGR 模型，然后通过不断增加前提假设条件来简化模型，当盈余异常增长永久变动率等于零（$\Delta AGR = 0$）时，AGR 模型转化成 MPEG 模型，当未来第 1 年的每股盈余等于零（$DPS_1 = 0$）时，MPEG 模型转化为 PEG 模型，当盈余异常增长等于零（$AGR_1 = 0$）时，AGR 模型直接转化为 EP 模型。具体的 AGR 模型见式（3-8）。

$$M_t = \frac{E_t(E_{t+1})}{R_e} + \frac{E_t(AGR_{t+1})}{R_e \times [(R_e - E_t(\Delta AGR)]} \qquad (3-8)$$

其中，

$$AGR_{t+1} = E_{t+2} + R_e \times D_{t+1} - (1 + R_e) \times E_{t+1} \qquad (3-9)$$

$$\Delta AGR = (AGR_{t+2}/AGR_{t+1}) - 1 \qquad (3-10)$$

M_t 为 t 年末公司权益的市场价值，R_e 为权益资本成本（记为 COE_AGR），$E_t[\cdot]$ 为基于截至 t 年的信息所获得的市场预期值，E_{t+k} 为 $t+k$ 年公司会计盈余，D_{t+k} 为 $t+k$ 年公司支付的股利（其中 $k = 1, 2, 3$）。

当 $\Delta AGR = 0$ 时，AGR 模型转化为 MPEG 模型，具体见式（3-11）。

$$R_e = \sqrt{[E_t(E_{t+2}) + R_e \times E_t(D_{t+1}) - E_t(E_{t+1})]/M_t} \qquad (3-11)$$

当 $DPS_1 = 0$ 时，MPEG 模型转化为 PEG 模型，具体见式（3-12）。

$$R_e = \sqrt{[E_t(E_{t+2}) - E_t(E_{t+1})]/M_t} \qquad (3-12)$$

当 $AGR_1 = 0$ 时，AGR 模型直接转化为 EP 模型，具体见式（3-13）。

$$R_e = E_t(E_{t+1})/M_t \qquad (3-13)$$

MPEG 模型、PEG 模型和 EP 模型估算出的权益资本成本 R_e，分别记为 COE_MPEG、COE_PEG 和 COE_EP。

（2）OJ模型

Ohlson 和 Juettner-Nauroth（2005）在剩余收益模型的基础上提出了OJ模型，该模型假设会计盈余的短期增长率会逐步降低到长期增长率——近似宏观经济增长率。具体模型见式（3-14）。

$$R_e = A + \sqrt{A^2 + \frac{E_t(E_{t+1})}{M_t} \times [g - (\gamma - 1)]} \tag{3-14}$$

其中，

$$A = \frac{1}{2} \times \left[(\gamma - 1) + \frac{E_t(D_{t+1})}{M_t} \right] \tag{3-15}$$

$$g = \frac{1}{2} \times \left[\frac{E_t(E_{t+3}) - E_t(E_{t+2})}{E_t(E_{t+2})} + \frac{E_t(E_{t+5}) - E_t(E_{t+4})}{E_t(E_{t+4})} \right] \tag{3-16}$$

M_t 为 t 年末公司权益的市场价值，R_e 为权益资本成本（记为COE_OJ），$E_t[\cdot]$ 为基于截至 t 年的信息所获得的市场预期值，E_{t+k} 为 t + k 年公司会计盈余，D_{t+k} 为 t + k 年公司支付的股利，其中 k = 1，2，3，4，5。g 是盈余的短期增长率，借鉴 Gode 和 Mohanram（2003）的做法，使用预计的短期增长率和第五年增长率的平均数作为 g 的估计，具体见式（3-16）。（γ - 1）是超出预测范围外的异常盈余永续增长率，设定为当前无风险收益率（R_f）减3%，即 $\gamma - 1 = R_f - 3\%$。

4）事前权益资本成本度量模型的总体评价

事前权益资本成本度量模型基于权益账面价值、预期会计盈余和预期股利来推算权益资本成本，能够更好控制公司预期的现金流和成长性，并且事前权益资本成本度量模型对未来现金流或剩余收益的折现也更符合资产定价理论中资产的概念——以资产的预期收益而不是已实现收益来衡量。另外，事后权益资本成本度量模型用已实现报酬率来估算预期收益率，通常会因为资本市场中各种"噪音"的影响而出现较大偏误，而事前权益资本成本度量模型直接采用预测盈余和股利来估算期望收益率，能够极大降低这种偏误。总体上说，相比事后权益资本成本度量模型，采用事前权益资本成本度量模型度量权益资本成本理论上更符合资产定价理论，实证上事前模型的估算也更为正确（Hail 和 Leuz，2006）。

尽管事前权益资本成本度量模型好于事后模型，但是也存在一些问题：一是事前模型都依赖于"干净盈余"的假设，如果公司会计不满足"干净盈余"假设，那么事前权益资本成本的估算就会出现偏误；二是事前模型关于未来盈余、未来股利、未来盈余增长率的假设可能因为资本市场的"变化多端"而难以在现实中成立，最终会影响到模型估算的正确性；三是众多事前模型究竟哪个模型更符合现实的资本市场，有着更高的正确性和经验优越性，对这一问题理论界和实务界仍然存在较大争议。

3.3 —— 权益资本成本度量模型在中国的适用性评价 ——

对于权益资本成本度量模型的优劣性，尽管学者普遍认为事后模型的估算极为不准确（Blume 和 Friend，1973；Froot 和 Frankel，1989；Daniel 和 Titman，1997；Fama 和 French，1997；Elton，1999），事前模型要好于事后模型（Hail 和 Leuz，2006），但是在众多事前模型中哪一个模型估算权益资本成本更为正确，仍然存在较大争议。目前在评价权益资本成本度量模型的优劣方面存有两种方法：一是检验权益资本成本与已实现报酬率的相关程度（Gode 和 Mohanram，2003；Guay et al.，2011）。依据相关模型，权益资本成本实质上是投资者的期望报酬率，而期望报酬率应该与已实现报酬率存在显著的正相关关系。因此，可以通过检验权益资本成本是否与下一年已实现报酬率存在显著正相关关系来判断模型的优劣性。二是检验权益资本成本与风险因子的显著关系是否符合理论预期（Gebhardt et al.，2001；Gode 和 Mohanram，2003；Botosan 和 Plumlee，2005）。根据资本资产定价理论，权益资本成本应该与风险因子显著相关，并且其符号——正相关或负相关应该符合理论预期，通常通过回归分析来检验这种相关关系，回归结果系数越显著、符号越符合理论预期，说明该权益资本成本度量模型越好。为此，本书分别采用以上两种方法来检验事前权益资本成本度量模型的优劣。

3.3.1 实证方案设计

1）样本选择和数据来源

样本选择以 2004—2013 年所有 A 股上市公司作为初选样本，然后剔除如下样本：（1）金融保险类公司；（2）ST 或 *ST 类公司；（3）资产负债率大于 1 的公司；（4）除发行 A 股外还同时发行其他类型股票的上市公司，剔除此类样本是因为该类公司存在两个以上股价，不便于求隐含的权益资本成本；（5）中小板和创业板上市公司；（6）数据缺失的公司。经过样本筛选后，获得包含 10 080 个观测个案的非平衡面板样本[①]。本章所涉及变量的数据全部来自于 CSMAR 数据库。

2）预测盈余度量

事前权益资本成本度量模型都需要一个关键变量——未来的预测盈余，它直接关系到模型估算的正确度。以往研究通常直接采用分析师的预测盈余数据代入模型推导权益资本成本，但在中国由于缺乏分析师的预测盈余数据，通常会采用实际盈余数据来替代（陆正飞和叶康涛，2004），这样导致实际可用的样本容量减少。Hou et al.（2012）提出一种新的模型来预测未来盈余，其实证检验证明该模型所获得的未来盈余要比分析师的盈余预测更加稳健，可以减少分析师的个体预测偏误。本书也借用该模型来预测未来盈余，具体模型见式（3-17）。在式（3-17）中对于 2004—2013 年中的每一年，使用过去 10 年的非平衡面板数据进行 Fama-MacBeth 回归（Fama 和 Macbeth，1973）来估计参数，然后把该年解释变量值代入式（3-17）中，就可以预测出基于该年的未来盈余。比如，要基于 2010 年预测 2011—2015 年的未来盈余，可以采用 2001—2010 年的数据估计出式（3-17）的参数，然后把 2010 年的解释变量值代入式（3-17）中，就可以预测 2011—2015 年的盈余值。

$$E_{i,t+\tau} = \beta_0 + \beta_1 A_{i,t} + \beta_2 D_{i,t} + \beta_3 DD_{i,t} + \beta_4 E_{i,t} + \beta_5 NegE_{i,t} + \beta_6 AC_{i,t} + \varepsilon_{i,t+\tau} \qquad (3-17)$$

其中，$E_{i,t+\tau}$ 为 i 公司 t+τ 年扣除异常项目前的盈余（τ =1，…，5），定义为 i 公司 t+τ 年的营业利润，$\beta_0 \sim \beta_6$ 为待估计参数，$A_{i,t}$ 为总资

---

① 在下文式（3-17）进行未来盈余预测时，因为对于 2004—2013 年的每一年都需要使用过去 10 年的非平衡面板数据进行参数估计，所以式（3-17）的样本容量扩大到 1995—2013 年，经过（1）~（6）步骤的样本筛选后获得包含 17 309 个观测个案的样本。

产，定义为 i 公司 t 年末的总资产账面价值，$D_{i,t}$ 为公司股利，定义为 i 公司 t 年所支付的现金股利总额，$DD_{i,t}$ 为是否支付现金股利的哑变量（支付时等于1，否则等于0），$NegE_{i,t}$ 为盈余是否为负的哑变量（盈余为负时等于1，否则等于0），$AC_{i,t}$ 为应计项[①]，$\varepsilon_{i,t+\tau}$ 为随机误差项。所有解释变量的数据都是截至 t 年可以获得的数据，模型使用截至 t 年的前10年数据进行滚动计算。为消除极端值的影响，对式（3-17）中涉及的所有连续变量分年度进行2%和98%的 Winsorize 缩尾处理。

表 3-1 是预测盈余模型中变量的描述性统计，表中总资产（A_t）、公司股利（D_t）、公司盈余（E_t）和应计项（AC_t）的平均数分别为 4 131.994 百万元、43.142 百万元、186.861 百万元和 -2.618 百万元，它们的标准差分别为 7 781.646 百万元、105.251 百万元、457.875 百万元和 454.475 百万元。表中支付现金股利虚拟变量（DD_t）、盈余为负虚拟变量（$NegE_t$）的平均数分别为 0.528 百万元和 0.135 百万元，它们的标准差分别为 0.499 百万元和 0.342 百万元。从表中没有发现数据存有明显的异常。

表 3-1　　　　　预测盈余模型变量的描述性统计

变量	观测数	平均数	标准差	最小值	25分位数	中位数	75分位数	最大值
A_t	17 309	4 131.994	7 781.646	145.662	885.584	1 717.157	3 832.987	80 045.120
D_t	17 309	43.142	105.251	0.000	0.000	5.425	37.170	955.784
DD_t	17 309	0.528	0.499	0.000	0.000	1.000	1.000	1.000
E_t	17 309	186.861	457.875	-470.661	17.496	58.579	165.155	4 522.885
$NegE_t$	17 309	0.135	0.342	0.000	0.000	0.000	0.000	1.000
AC_t	17 309	-2.618	454.475	-2 519.990	-93.714	-7.964	64.560	3 763.694

表 3-2 是预测盈余模型中变量的回归结果，从表中可见，领先1年、2年和3年的盈余回归的 R^2 分别达到了 0.79、0.65 和 0.56，这表明采用式（3-17）进行盈余预测是比较恰当的，但是相比 Hou et al.（2012）采用美

[①] 中国直到1998年才开始披露现金流量表，因此，在1998年之前采用资产负债表法计算应计项，其值等于（总流动资产的变动-现金和现金等价物的变动）-（总流动负债的变动-流动负债中短期负债的变动-应付所得税变动）-折旧和摊销，在1998后采用现金流量法计算应计项，其值等于（营业利润-经营性现金净流量）。

国资本市场数据进行盈余预测的效果要差①，这可能因为中国资本市场发展程度较低，信息披露水平和法律监管水平相比发达国家仍然有不小的差距，从而影响了式（3-17）盈余预测的效果。回归系数在领先1年至5年的盈余回归中都保持了不变，这表明公司层面盈余具有持久性。回归系数的正负号与 Hou et al.（2012）预测盈余时的回归结果完全一致，其显著性水平也基本一致。

表3-2   盈余预测模型变量的回归结果

变量	$E_{i,t+1}$	$E_{i,t+2}$	$E_{i,t+3}$	$E_{i,t+4}$	$E_{i,t+5}$
A_t	0.005*	0.010**	0.015**	0.020**	0.038***
	(1.892)	(2.697)	(3.030)	(3.842)	(7.829)
D_t	0.188	0.302*	0.238*	0.368	0.495
	(1.777)	(2.363)	(1.997)	(1.773)	(1.076)
DD_t	8.083	15.052**	2.380	5.699	17.302**
	(0.966)	(2.950)	(0.290)	(1.028)	(3.865)
E_t	0.959***	0.964**	1.048***	0.990***	0.918**
	(14.201)	(9.404)	(12.829)	(13.442)	(3.619)
$NegE_t$	34.027***	63.572***	67.210***	80.588***	95.576**
	(4.818)	(3.782)	(4.453)	(7.083)	(4.045)
AC_t	−0.050***	−0.028**	−0.041*	−0.072**	−0.061*
	(−3.782)	(−2.545)	(−2.373)	(−3.015)	(−2.652)
Constant	−5.340	−0.175	17.964**	32.513***	36.208***
	(−1.623)	(−0.033)	(2.532)	(5.220)	(5.023)
观测数	9 233	7 904	6 757	5 736	4 748
R^2	0.79	0.65	0.56	0.44	0.37
F统计量	41.14	21.80	33.88	43.15	18.98

注：表3-2中括号内数字是回归系数的双尾T检验的T值；回归系数上标*、**、***分别表示在10%、5%、1%的水平上显著。

3）变量定义和模型构建

（1）因变量。现有文献已经实证检验发现事前权益资本成本度量模型在估算权益资本成本方面要好于事后模型。因此，本书主要是对上文中所论述的事前权益资本成本度量模型进行对比，它们所估算的权益资本成本包括 COE_GGM、COE_CT、COE_GLS、COE_AGR、COE_MPEG、COE_PEG、COE_EP 和 COE_OJ 等8种。事前权益资本成本度量模型除

---

① Hou 等（2012）采用美国资本市场数据进行盈余预测时，其领先1年、2年和3年的盈余回归的R2分别达到了0.86、081和0.78。

了上文已有说明外，相关变量均按如下定义：ROE_{t+k} 为 t + k 年的净资产收益率（k = 1 至 5），定义为 t + k 年基于式（3-17）的公司预测盈余 E_{t+k} 除以上一年的权益账面价值 B_{t+k-1}，$B_{t+k} = B_{t+k-1} + E_{t+k} - D_{t+k}$，$B_{t+k}$ 为基于"干净盈余"的权益账面价值，其中，D_{t+k} 为 t + k 年公司所支付的现金股利总额，$D_{t+k} = K \times E_{t+k}$，K 为股利支付率，当 t 年会计盈余为正时，K 等于 t 年公司现金股利除以其会计盈余，当 t 年盈余为负时，K 等于 t 年公司现金股利除以其 6% 的总资产[①]，另外对 K 进行 Winsorize 缩尾处理，使其介于[0, 1]之间（Guay et al., 2011）。

表 3-3 是上文所论述的八种事前模型所估算的权益资本成本，从表中可见 COE_GGM、COE_CT、COE_GLS 和 COE_AGR 的平均数非常接近，最小的是 0.062，最大的是 0.067，COE_GGM、COE_CT 和 COE_GLS 的中位数也非常接近，分别是 0.055、0.058 和 0.059。相应地 COE_MPEG、COE_PEG 和 COE_OJ 平均数和中位数都非常接近，它们的平均数分别为 0.085、0.087 和 0.096，中位数分别为 0.080、0.080 和 0.085。所有模型中 COE_EP 的平均数和中位数最小，分别为 0.048 和 0.037。

表3-3　　　　　　　　**权益资本成本的描述性统计**

变量	观测数	平均数	标准差	最小值	25分位数	中位数	75分位数	最大值
COE_GGM	9 646	0.062	0.037	0.000	0.034	0.055	0.081	0.268
COE_CT	9 585	0.065	0.037	0.000	0.039	0.058	0.083	0.688
COE_GLS	9 959	0.063	0.031	0.000	0.042	0.059	0.079	0.518
COE_AGR	8 536	0.067	0.094	0.000	0.022	0.045	0.081	0.977
COE_MPEG	9 746	0.085	0.052	0.000	0.049	0.080	0.115	0.326
COE_PEG	8 951	0.087	0.047	0.001	0.053	0.080	0.111	0.326
COE_EP	8 687	0.048	0.041	0.000	0.019	0.037	0.065	0.355
COE_OJ	8 765	0.096	0.056	0.004	0.064	0.085	0.112	0.913

注：由于求解事前权益资本成本需要对方程采用迭代方法（本书采用 MATLAB 软件编程计算），模型求解过程中存在部分观测值无法收敛而无解，另外本书还将小于 0 和大于 1 的权益资本成本设定为缺失值，因此，导致各模型估算出的权益资本成本的观测数存在一定差异。

_____

① 根据 Gebhardt 等（2001）测算，美国总资产的长期回报率大约是 6%，因此，当公司出现亏损时，采用总资产的 6% 作为正常盈余水平的替代量。

（2）解释变量。本书借鉴 Gebhardt et al.（2001）、Gode 和 Mohanram（2003）、Botosan 和 Plumlee（2005）以及 Kitagawa 和 Gotoh（2011）等检验权益资本成本模型的方法，使用下一年已实现报酬率（Return）来检验权益资本成本与已实现报酬率是否存在显著的正相关关系；使用贝塔系数（Beta）、公司规模（Lnassets）、账面市值比（Bm）、经营风险（Oprisk）、财务风险（Finrisk）和股票流动性（Turnover）作为风险因子[①]，以检验权益资本成本与风险因子是否存在显著关系。

①贝塔系数（Beta）。根据资本资产定价模型（CAPM），公司期望收益率与系统风险的度量指标——贝塔系数存在显著的正相关关系，即权益资本成本与贝塔系数正相关。Hamada（1972）的研究也验证了期望收益率（权益资本成本）和贝塔系数存在正相关关系。Beta 定义为当年股票的贝塔系数。

②公司规模（Lnassets）。Fama 和 French（1993）研究认为公司预期收益率和公司规模存在显著的负相关关系，即权益资本成本与公司规模负相关。Gebhardt et al.（2001）认为分析师和投资者更容易从大公司中获取信息，大公司相比小公司有着更高的信息透明度，而信息透明度的提高能够降低投资者的投资风险，进而降低公司的权益资本成本，因此，公司规模和权益资本成本存在负相关关系。Lnassets 定义为公司年末总资产账面价值的自然对数。

③账面市值比（Bm）。Stattman（1980）、Fama 和 French（1992）研究认为账面市值比和期望收益率存在正相关关系，即权益资本成本与账面市值比正相关。Bm 定义为公司年末股东权益账面价值与其市场价值的比率。

④经营风险（Oprisk）。Gebhardt et al.（2001）研究发现权益资本成本与经营风险存在显著的正相关关系。借鉴肖珉（2008）的做法，Oprisk 定义为公司年末非流动资产与年末总资产的比率。

⑤财务风险（Finrisk）。Modigliani 和 Miller（1958）认为随着公司债务的增加，会增加公司的风险，从而导致权益资本成本的增加。Fama 和

---

① 选择这 6 个风险因子的原因是，它们与权益资本成本的正（负）相关关系在理论界有着较为统一的意见，便于验证各模型度量的权益资本成本与风险因子之间的关系是否符合理论预期。

French（1992）、Gebhardt et al.（2001）、Botosan 和 Plumlee（2005）等的实证研究也验证了期望收益率（权益资本成本）与财务杠杆存在显著的正相关关系。财务风险（财务杠杆）定义为公司年末总负债与年末总资产的比率。

⑥股票流动性（Turnover）。Amihud 和 Mendelson（1986）研究发现公司股票的期望收益率与公司股票的流动性存在显著的负相关关系。Brennan et al.（1998）通过实证检验发现，公司股票的收益率与其交易量存在显著的负相关关系。股票流动性定义为公司股票年成交股数与年末流通股总股数的比率（即换手率）。

表3-4是风险因子的描述性统计，表中各风险因子变量的观测数并不一致，原因是样本数据并不是平衡面板数据，部分观测值存在数据缺失。贝塔系数（Beta）的平均数和标准差分别为1.114和0.245，公司规模（Lnassets）的平均数和标准差分别为21.799和1.166，账面市值比（Bm）的平均数和标准差分别为0.494和0.313，经营风险（Oprisk）的平均数和标准差分别为0.473和0.220，财务风险（Finrisk）的平均数和标准差分别为0.512和0.188，股票流动性（Turnover）的平均数和标准差分别为5.194和3.608。通过风险因子变量的描述性统计，并没有发现数据的异常情况。

表3-4　　　　　　　　　　**风险因子的描述性统计**

变量	观测数	平均数	标准差	最小值	25分位数	中位数	75分位数	最大值
Beta	10 026	1.114	0.245	−0.342	0.981	1.130	1.260	2.355
Lnassets	10 080	21.799	1.166	15.577	20.978	21.700	22.492	27.387
Bm	10 080	0.494	0.313	0.002	0.259	0.434	0.662	4.413
O prisk	10 076	0.473	0.220	0.000	0.309	0.469	0.639	0.989
Finrisk	10 080	0.512	0.188	0.007	0.381	0.526	0.650	0.994
Turnover	10 080	5.194	3.608	0.007	2.516	4.218	6.870	31.030

注：由于存在部分观测值缺失导致各变量的观测数不一致。

表3-5是风险因子变量之间的相关系数，表中各变量的相关系数总体较小，其最大值为0.337（除1以外），最小值为0.002。此外，通过检验还发现它们之间的方差膨胀因子（VIF）最大值为1.32，最小值为1.05（文中未通过表格加以报告）。因此，实证模型采用这些风险因子变量作为解释变量并不会导致多重共线性。

表3-5   **风险因子变量之间的相关系数**

变量	Beta	Lnassets	Bm	Oprisk	Finrisk	Turnover
Beta	1.000					
Lnassets	0.052***	1.000				
Bm	0.096***	0.337***	1.000			
Oprisk	−0.065***	0.055***	0.127***	1.000		
Finrisk	0.022**	0.314***	0.005	−0.115***	1.000	
Turnover	0.179***	−0.243***	−0.379***	−0.029***	0.002	1.000

注：相关系数上标*、**、***分别表示在10%、5%、1%的水平上显著。

（3）模型构建。为检验权益资本成本与已实现报酬率和风险因子是否存在显著的相关关系，本书分别构建了模型（3-18）和模型（3-19）。

$$R \, return = \beta_0 + \beta_1 COE + \varepsilon \tag{3-18}$$

$$COE = \beta_0 + \beta_1 Beta + \beta_2 Lnassets + \beta_3 Bm + \beta_4 Oprisk + \beta_5 Finrisk +$$
$$\beta_6 Turnover + \sum(\eta Year) + \sum(\lambda Industry) + \varepsilon \tag{3-19}$$

其中，借鉴 Guay et al.（2011）的做法，Return 定义为权益资本成本对应年份下一年的已实现报酬率。COE 包括 COE_GGM、COE_CT、COE_GLS、 COE_AGR、 COE_MPEG、 COE_PEG、 COE_EP 和 COE_OJ 等八种模型度量的权益资本成本。$\beta_0 \sim \beta_6$、 η 、 λ 都是模型要估计的参数，Beta 是贝塔系数，Lnassets 是公司规模，Bm 是账面市值比，Oprisk 是经营风险，Finrisk 是财务风险，Turnover 是股票流动性， ε 是随机误差项。与 Kitagawa 和 Gotoh（2011）检验权益资本成本和风险因子关系时的做法一致，本书对年份和行业进行了控制。

3.3.2　实证结果分析

1）相关性分析

表 3-6 是下一年已实现报酬率与权益资本成本之间的相关性分析，表中下一年已实现报酬率（Return）与八种事前权益资本成本都存在显著的正相关关系，这表明八种事前权益资本成本都能够在一定程度上反映下一年已实现报酬率。另外，表中所有的事前权益资本成本之间都存在显著的正相关关系。

表 3-6　　　已实现报酬率与权益资本成本之间的相关性分析

	Return	COE_GGM	COE_CT	COE_GLS	COE_AGR	COE_MPEG	COE_PEG	COE_EP
COE_GGM	0.124***							
COE_CT	0.089***	0.987***						
COE_GLS	0.185***	0.808***	0.785***					
COE_AGR	0.065***	0.231***	0.225***	0.201***				
COE_MPEG	0.030***	0.625***	0.627***	0.355***	0.280***			
COE_PEG	0.057***	0.538***	0.537***	0.309***	0.250***	0.986***		
COE_EP	0.174***	0.839***	0.822***	0.787***	0.403***	0.381***	0.330***	
COE_OJ	0.125***	0.462***	0.466***	0.298***	0.284***	0.611***	0.620***	0.629***

注：相关系数上标*、**、***分别表示在10%、5%、1%的水平上显著。

表 3-7 是权益资本成本与风险因子的相关性分析，表中贝塔系数（Beta）、账面市值比（Bm）和财务风险（Finrisk）都与八种权益资本成本在1%水平上显著正相关，股票流动性（Turnover）与八种权益资本成本在1%水平上显著负相关，这四个变量与权益资本成本的正负关系都符合理论预期。但是公司规模（Lnassets）与八种权益资本成本在1%水平上的显著正相关关系是不符合理论预期的（理论预期为负相关），这可能是因为相关性分析并没有控制其他相关变量的缘故。经营风险（Oprisk）与COE_GLS、COE_MPEG和COE_OJ在1%水平上显著正相关，这完全符合理论预期，而经营风险（Oprisk）与其他权益资本成本、无显著关系或者正负显著关系不符合理论预期。因此，从相关性分析来看，COE_GLS、COE_MPEG和COE_OJ与风险因子的相关关系更符合理论预期，它们在估算权益资本成本方面表现更好。

表 3-7 　　　　　　　权益资本成本与风险因子的相关性分析

	COE_GGM	COE_CT	COE_GLS	COE_AGR	COE_MPEG	COE_PEG	COE_EP	COE_OJ
Beta	0.059***	0.057***	0.078***	0.031***	0.094***	0.116***	−0.005	0.067***
(+)	0.000	0.000	0.000	0.004	0.000	0.000	0.667	0.000
Lnassets	0.466***	0.458***	0.419***	0.022**	0.217***	0.100***	0.373***	0.176***
(−)	0.000	0.000	0.000	0.042	0.000	0.000	0.000	0.000
Bm	0.462***	0.427***	0.580***	0.161***	0.272***	0.296***	0.380***	0.328***
(+)	0.000	0.000	0.000	0.000	0.000	0.000	0.000	0.000
Oprisk	0.005	0.002	0.047***	−0.018*	0.026**	−0.003	−0.001	0.025**
(+)	0.633	0.836	0.000	0.089	0.011	0.747	0.960	0.017
Finrisk	0.216***	0.217***	0.081***	0.051***	0.241***	0.260***	0.123***	2.279***
(+)	0.000	0.000	0.000	0.000	0.000	0.000	0.000	0.000
Turnover	−0.308***	−0.283***	−0.362***	−0.122***	−0.194***	−0.195***	−0.264***	−0.188***
(−)	0.000	0.000	0.000	0.000	0.000	0.000	0.000	0.000

注：相关系数上标*、**、***分别表示在10%、5%、1%的水平上显著。变量名下方的正负号是理论预期符号。

2）回归分析

表3-8是下一年已实现报酬率作因变量分别对八种事前权益资本成本做单变量混合回归的结果（采用面板个体固定效应回归，其系数及对应 T 值不变），表中所有事前权益资本成本的系数都在1%水平上显著为正，表明这八种权益资本成本都能在一定程度上反映下一年已实现报酬率的变动。

表3-8 　　　　　已实现报酬率对权益资本成本的单变量回归结果

变量	COE_GGM	COE_CT	COE_GLS	COE_AGR	COE_MPEG	COE_PEG	COE_EP	COE_OJ
Return	3.472***	2.519***	6.266***	0.693***	0.587***	1.198***	4.319***	2.381***
	(11.322)	(8.048)	(17.367)	(5.529)	(2.723)	(4.930)	(15.278)	(10.818)

注：表中全部回归模型的因变量都是已实现报酬率（Return），自变量分别为各权益资本成本；表中括号内数字是回归系数的双尾 T 检验的 T 值；回归系数上标*、**、***分别表示在10%、5%、1%的水平上显著。

表 3-9 是权益资本成本对风险因子变量的多元回归结果。通过 Hausman 检验和 Sargan-Hansen 过度识别检验发现，模型（1）至（8）都不适合使用随机效应模型，为此全部模型采用了个体固定效应模型进行参数估计。表中模型（1）至（8）的回归判定系数 R^2 都介于区间 [0.20，0.55]（除模型（4）为 0.06 以外），表明全部模型总体拟合效果较好。模型（1）至（8）的 F 统计量全部在 1% 水平上高度显著，表明全部模型的系数整体上是显著的。模型（1）至（8）的 Wald 检验 1 和 Wald 检验 2 分别是对年份虚拟变量和行业虚拟变量进行联合显著性 Wald 检验的 F 统计量，它们都在 1% 水平上高度显著，说明模型中的年份和行业虚拟变量对模型中因变量——权益资本成本产生了显著影响。

从表 3-9 中可见，分别以 COE_GGM、COE_CT、COE_GLS 和 COE_EP 作为因变量的模型（1）、模型（2）、模型（3）和模型（7）中，贝塔系数（Beta）、公司规模（Lnassets）、经营风险（Oprisk）和股票流动性（Turnover）的系数正负号都不符合理论预期。以 COE_AGR 为因变量的模型（4）中贝塔系数（Beta）和股票流动性（Turnover）的系数正负号尽管都符合理论预期，但并不显著，而经营风险（Oprisk）系数的正负号与理论预期相反。分别以 COE_MPEG、COE_PEG 和 COE_OJ 作为因变量的模型（5）、模型（6）和模型（8）中风险因子的系数符号全部符合理论预期，显著性表现最好的是模型（6），风险因子系数全部在 1% 水平上高度显著，其次是模型（8），风险因子系数全部在 10% 水平上显著，最后的模型（6）显著性同样表现良好，除股票流动性（Turnover）的系数没有通过显著性检验外，其他风险因子系数全部在 1% 水平上显著。因此，从权益资本成本对风险因子的多元回归结果看，事前权益资本成本度量模型在估算上表现更优越的依次是 COE_PEG、COE_OJ 和 COE_MPEG 三个模型。

45

表3-9 权益资本成本对风险因子的多元回归结果

变量	(1) COE_GGM	(2) COE_CT	(3) COE_GLS	(4) COE_AGR	(5) COE_MPEG	(6) COE_PEG	(7) COE_EP	(8) COE_OJ
Beta	−0.005***	−0.006***	−0.003***	0.006	0.012***	0.016***	−0.012***	0.011***
(+)	(−3.997)	(−4.189)	(−3.533)	(1.182)	(5.630)	(7.750)	(−6.767)	(3.940)
Lnassets	0.006***	0.005***	0.007***	−0.006**	−0.006***	−0.008***	0.009***	−0.003**
(−)	(7.932)	(7.369)	(14.083)	(−2.114)	(−4.808)	(−6.727)	(9.150)	(−2.172)
Bm	0.036***	0.033***	0.041***	0.043***	0.050***	0.051***	0.020***	0.055***
(+)	(25.455)	(22.874)	(43.440)	(7.391)	(21.550)	(22.847)	(10.253)	(17.762)
Oprisk	−0.021***	−0.020***	−0.019***	−0.011	0.016***	0.017***	−0.033***	0.011*
(+)	(−7.924)	(−7.335)	(−10.816)	(−1.034)	(3.780)	(3.942)	(−8.914)	(1.922)
Finrisk	0.009***	0.009***	−0.019***	0.037***	0.089***	0.096***	−0.020***	0.109***
(+)	(3.249)	(3.256)	(−10.457)	(3.229)	(20.260)	(22.498)	(−5.019)	(18.689)
Turnover	0.000***	0.000***	0.000**	−0.001	−0.000	−0.001***	0.001***	−0.001**
(−)	(3.533)	(3.248)	(2.023)	(−1.296)	(−1.317)	(−3.306)	(6.244)	(−2.540)
Constant	−0.083***	−0.077***	−0.101***	0.158**	0.095***	0.138***	−0.128***	0.054
	(−5.383)	(−4.817)	(−9.760)	(2.466)	(3.816)	(5.620)	(−5.673)	(1.608)
Year	控制	控制	控制	控制	控制	控制	控制	控制
Industry	控制	控制	控制	控制	控制	控制	控制	控制
观测数	9 588	9 527	9 901	8 488	9 688	8 902	8 630	8 711
组内 R^2	0.422	0.385	0.550	0.062	0.377	0.354	0.201	0.200
F统计量	173.6	147.6	301.5	13.54	145.0	119.2	53.04	53.07
Wald检验1	165.417	146.716	70.763	9.166	217.556	140.721	53.721	34.588
Wald检验2	4.765	3.893	67.899	3.186	4.826	5.337	3.618	1.912

注：表中括号内数字是回归系数的双尾 T 检验的 T 值；回归系数上标***、**、* 分别表示对应回归系数通过1%、5%、10%的显著性水平检验；变量名称下方的正负号是理论预期符号；Wald检验1是年份虚拟变量联合显著性Wald检验的F统计量，Wald检验2是行业虚拟变量联合显著性Wald检验的F统计量。

3）进一步测试和稳健性检验

（1）进一步测试

表3-10是权益资本成本对风险因子的混合回归结果。不同于上文所采用的个体固定效应模型参数估计，Kitagawa 和 Gotoh（2011）采用混合回归来检验事前权益资本成本与风险因子的相关关系。本书借鉴这一做法，采用混合回归做进一步测试。总体上说，回归结果与上文结果基本一致。在分别以 COE_GGM、COE_CT、COE_GLS 和 COE_EP 为因变量的模型（1）、模型（2）、模型（3）和模型（7）中，贝塔系数（Beta）、公司规模（Lnassets）和经营风险（Oprisk）系数符号都与理论预期相反，以 COE_AGR 为因变量的模型（4）中贝塔系数（Beta）和经营风险

（Oprisk）系数符号都不符合理论预期。在分别以 COE_MPEG、COE_PEG 和 COE_OJ 作为因变量的模型（5）、模型（6）和模型（8）中，风险因子的系数符号全部符合理论预期，显著性表现最好的仍然是模型（6），风险因子系数全部在 1% 水平上显著，其次是模型（8），风险因子系数也几乎全部在 1% 水平上显著（只有经营风险（Oprisk）系数在 5% 水平上显著），模型（5）显著性同样表现良好，除贝塔系数（Beta）没有通过显著性检验外，其他风险因子系数都在 1% 或 5% 水平上显著。以上混合回归结果表明，在估算权益资本成本方面表现最优越的仍然是 COE_PEG、COE_OJ 和 COE_MPEG 三个模型。

表 3-10　　　　　　权益资本成本对风险因子的混合回归结果

变量	(1) COE_GGM	(2) COE_CT	(3) COE_GLS	(4) COE_AGR	(5) COE_MPEG	(6) COE_PEG	(7) COE_EP	(8) COE_OJ
Beta	−0.004***	−0.004***	−0.001	−0.001	0.002	0.007***	−0.007***	0.007***
(+)	(−2.878)	(−2.841)	(−1.482)	(−0.189)	(1.178)	(3.658)	(−3.808)	(2.881)
Lnassets	0.007***	0.006***	0.005***	−0.007***	−0.005***	−0.010***	0.011***	−0.004***
(−)	(19.932)	(18.506)	(21.140)	(−5.839)	(−9.648)	(−19.921)	(25.110)	(−7.073)
Bm	0.039***	0.037***	0.046***	0.040***	0.045***	0.049***	0.024***	0.053***
(+)	(32.022)	(29.252)	(57.888)	(9.093)	(24.286)	(27.715)	(14.433)	(22.570)
Oprisk	−0.011***	−0.010***	−0.009***	−0.013**	0.014***	0.010***	−0.020***	0.007**
(+)	(−6.562)	(−6.124)	(−8.795)	(−2.244)	(5.399)	(4.288)	(−8.843)	(2.168)
Finrisk	0.020***	0.021***	−0.003**	0.034***	0.073***	0.081***	−0.005**	0.092***
(+)	(11.777)	(11.827)	(−2.546)	(5.473)	(27.788)	(32.814)	(−2.077)	(28.070)
Turnover	−0.000***	−0.000***	−0.000***	−0.001*	−0.000**	−0.001***	0.000	−0.001***
(−)	(−2.614)	(−2.862)	(−2.225)	(−1.900)	(−2.140)	(−3.568)	(0.289)	(−3.529)
Constant	−0.125***	−0.115***	−0.076***	0.184***	0.094***	0.199***	−0.204***	0.089***
	(−17.886)	(−16.216)	(−16.653)	(7.350)	(8.718)	(19.383)	(−21.229)	(6.690)
Year	控制	控制	控制	控制	控制	控制	控制	控制
Industry	控制	控制	控制	控制	控制	控制	控制	控制
观测数	9 588	9 527	9 901	8 488	9 688	8 902	8 630	8 711
调整后 R^2	0.451	0.421	0.649	0.052	0.336	0.329	0.289	0.224
F统计量	226.3	199.3	524.5	14.22	141.0	125.9	101.3	72.94
Wald检验 1	139.922	134.511	48.287	11.720	288.335	202.470	34.655	42.551
Wald检验 2	27.460	25.451	288.163	2.336	3.286	3.386	24.956	1.556

　　注：表中括号内数字是回归系数的双尾 T 检验的 T 值；回归系数上标***、**、*分别表示对应回归系数通过 1%、5%、10% 的显著性水平检验；变量名称下方的正负号是理论预期符号；Wald 检验 1 是年份虚拟变量联合显著性 Wald 检验的 F 统计量，Wald 检验 2 是行业虚拟变量联合显著性 Wald 检验的 F 统计量。

表3-11是未控制年份和行业时权益资本成本对风险因子的混合回归结果。借鉴 Gode 和 Mohanram（2003）的做法，不控制年份和行业进行混合回归，回归结果总体上没有改变表3-9的回归分析结论。因为在没有控制年份和行业的情况下，分别以 COE_GGM、COE_CT 和 COE_GLS 作为因变量的模型（1）、模型（2）和模型（3）中，系数符号得到了改善，除公司规模（Lnassets）和经营风险（Oprisk）系数符号与理论预期相反外，其余风险因子系数几乎符合理论预期并显著（模型（3）中财务风险（Finrisk）系数除外，其系数与理论预期相反）。以 COE_EP 为因变量的模型（7）中，贝塔系数（Beta）、公司规模（Lnassets）和经营风险（Oprisk）系数符号都与理论预期相反。以 COE_AGR 和 COE_MPEG 为因变量的模型（4）和模型（5）中，都只有一个风险因子系数与理论预期相反，分别是经营风险（Oprisk）和公司规模（Lnassets）系数。以 COE_PEG 和 COE_OJ 为因变量的模型（6）和模型（8）中，风险因子系数符号都符合理论预期，其中，模型（8）的风险因子系数都在1%水平上显著，模型（6）的风险因子系数除经营风险（Oprisk）外，其他系数都在1%水平上显著。通过以上检验可以发现，风险因子系数与理论预期最为符合的依次是 COE_OJ、COE_PEG、COE_MPEG 和 COE_AGR，这与上文中其他回归结果基本一致。

表3-11 权益资本成本对风险因子的混合回归结果（未控制年份和行业）

变量	(1) COE_GGM	(2) COE_CT	(3) COE_GLS	(4) COE_AGR	(5) COE_MPEG	(6) COE_PEG	(7) COE_EP	(8) COE_OJ
Beta (+)	0.005***	0.005***	0.006***	0.014***	0.020***	0.023***	−0.003*	0.012***
	(3.957)	(3.675)	(6.426)	(3.175)	(9.795)	(11.800)	(−1.894)	(5.333)
Lnassets (−)	0.010***	0.010***	0.007***	−0.006***	0.002***	−0.005***	0.010***	−0.002***
	(31.289)	(31.036)	(29.322)	(−5.703)	(4.161)	(−11.753)	(24.145)	(−3.719)
Bm (+)	0.037***	0.033***	0.044***	0.045***	0.032***	0.041***	0.036***	0.052***
	(32.765)	(28.629)	(51.525)	(12.207)	(18.127)	(24.699)	(24.322)	(26.019)
Oprisk (+)	−0.007***	−0.006***	−0.004***	−0.012**	0.007***	0.001	−0.010***	0.006***
	(−4.750)	(−4.452)	(−3.830)	(−2.504)	(2.942)	(0.360)	(−5.467)	(2.480)
Finrisk (+)	0.021***	0.021***	−0.003**	0.033***	0.063***	0.073***	0.002	0.086***
	(11.827)	(11.550)	(−2.248)	(5.751)	(22.798)	(28.749)	(0.759)	(27.616)
Turnover (−)	−0.001***	−0.001***	−0.001***	−0.002***	−0.002***	−0.002***	−0.001***	−0.002***
	(−13.682)	(−11.914)	(−16.576)	(−7.663)	(−12.348)	(−14.138)	(−8.996)	(−8.874)
Constant	−0.171***	−0.167***	−0.105***	0.156***	−0.024**	0.129***	−0.168***	0.061***
	(−26.694)	(−25.731)	(−21.471)	(7.334)	(−2.342)	(13.417)	(−19.963)	(5.311)
观测数	9 588	9 527	9 901	8 488	9 688	8 902	8 630	8 711
调整后 R²	0.347	0.315	0.429	0.038	0.153	0.186	0.225	0.189
F 统计量	848.4	732.1	1240	56.72	291.6	340.9	419.6	338.8

注：表中括号内数字是回归系数的双尾T检验的T值；回归系数上标*、**、***分别表示在10%、5%、1%的水平上显著；变量名称下方的正负号是理论预期符号。

（2）稳健性检验

为进一步考察回归结果的稳健性，本章还做了以下测试：①考虑到异方差和序列相关对检验统计量带来的影响，本章对表3-9采用稳健标准误重新进行回归，结果表明估算权益资本成本表现更优越的模型依次是 COE_PEG、COE_MPEG 和 COE_OJ（具体见表3-12），同时也对表3-10重新进行了稳健回归，模型表现更优越的依次是 COE_PEG、COE_OJ 和 COE_MPEG，对表3-11重新稳健回归后表现更优越的模型依次是 COE_OJ、COE_PEG 和 COE_MPEG，总体上说，稳健回归结果与之前结果基本不变。②为消除极端值可能带来的估计偏误，笔者对所有回归变量进行 Winsorize 缩尾处理。回归结果与表3-9中的结果基本一致。③借鉴 Gebhardt et al.（2001）、Gode 和 Mohanram（2003）、Botosan 和 Plumlee（2005），以及 Kitagawa 和 Gotoh（2011）等文献选择风险因子变量的做法，本章在多元回归时增加了非系统性风险、盈余波动性、股票收益波动性和盈余增长率等风险因子变量，回归结果基本不变。

49

表3-12　　**权益资本成本对风险因子的多元稳健回归结果**

变量	(1) COE_GGM	(2) COE_CT	(3) COE_GLS	(4) COE_AGR	(5) COE_MPEG	(6) COE_PEG	(7) COE_EP	(8) COE_OJ
Beta	-0.005^{***}	-0.006^{***}	-0.003^{***}	0.006	0.012^{***}	0.016^{***}	-0.012^{***}	0.011^{***}
(+)	(-3.250)	(-3.441)	(-2.659)	(0.990)	(4.330)	(5.978)	(-5.628)	(3.394)
Lnassets	0.006^{***}	0.005^{***}	0.007^{***}	-0.006^{*}	-0.006^{***}	-0.008^{***}	0.009^{***}	-0.003
(−)	(5.212)	(5.046)	(7.587)	(-1.681)	(-2.815)	(-3.787)	(5.852)	(-1.565)
Bm	0.036^{***}	0.033^{***}	0.041^{***}	0.043^{***}	0.050^{***}	0.051^{***}	0.020^{***}	0.055^{***}
(+)	(14.153)	(13.317)	(23.279)	(8.091)	(14.804)	(15.373)	(6.215)	(13.046)
Oprisk	-0.021^{***}	-0.020^{***}	-0.019^{***}	-0.011	0.016^{**}	0.017^{**}	-0.033^{***}	0.011
(+)	(-5.443)	(-5.300)	(-7.099)	(-0.769)	(2.419)	(2.486)	(-5.986)	(1.331)
Finrisk	0.009^{**}	0.009^{***}	-0.019^{***}	0.037^{***}	0.089^{***}	0.096^{***}	-0.020^{***}	0.109^{***}
(+)	(2.298)	(2.402)	(-6.171)	(2.673)	(12.827)	(14.431)	(-3.551)	(11.800)
Turnover	0.000^{***}	0.000^{***}	0.000^{*}	-0.001	-0.000	-0.001^{***}	0.001^{***}	-0.001^{***}
(−)	(3.225)	(3.111)	(1.813)	(-1.057)	(-1.116)	(-2.838)	(5.868)	(-2.594)
Constant	-0.083^{***}	-0.077^{***}	-0.101^{***}	0.158^{*}	0.095^{**}	0.138^{***}	-0.128^{***}	0.054
	(-3.675)	(-3.444)	(-5.544)	(1.915)	(2.311)	(3.254)	(-3.835)	(1.196)
Year	控制	控制	控制	控制	控制	控制	控制	控制
Industry	控制	控制	控制	控制	控制	控制	控制	控制
观测数	9 588	9 527	9 901	8 488	9 688	8 902	8 630	8 711
R^2	0.422	0.385	0.550	0.062	0.377	0.354	0.201	0.200
F统计量	141.9	108.1	235.0	31.03	137.1	128.2	44.33	55.02
Wald检验1	136.848	129.236	60.712	11.607	111.726	74.553	37.117	29.303
Wald检验2	3.262	2.942	26.804	1.395	1.736	1.776	2.644	1.144

注：表中括号内数字是回归系数的双尾T检验的T值；回归系数上标*、**、***分别表示在10%、5%、1%的水平上显著；变量名称下方的正负号是理论预期符号；Wald检验1是年份虚拟变量联合显著性Wald检验的F统计量，Wald检验2是行业虚拟变量联合显著性Wald检验的F统计量。

3.3.3　实证结论

通过权益资本成本与已实现报酬率之间的相关性分析和回归分析发现，所有事前权益资本成本度量模型都与已实现报酬率存在显著的正相关关系，表明事前权益资本成本度量模型都能够较好反映已实现报酬率的变化。通过权益资本成本与风险因子的相关性分析和回归分析、进一步测试和稳健性检验发现，COE_PEG、COE_MPEG 和 COE_OJ 模型估算权益资本成本表现更为优越，它们与风险因子的相关关系更为显著、更符合理论预期，但具体到三个模型中哪一个最好，目前的相关性分析和回归分析难以获得准确的判断，因为估计方法、风险因子和控制变量的差异都会影响到它们的表现，使得它们在特定情况下表现得更为优越。为减少单个事前权益资本成本度量模型带来的偏误，同时也为增加样本容量，本书在后续研究中，采用 COE_PEG、COE_MPEG 和 COE_OJ 三者平均数来度量权益资本成本，如果某条观测数据中三者全部缺失，则其对应的权益资本成本为缺失值，如果某条观测数据中三者只有部分缺失，则根据未缺失数据求平均数，具体计算公式见式（3-20）。

$$COE = (COE\_MPEG + COE\_PEG + COE\_OJ) \div 3 \qquad (3-20)$$

其中，COE 是 COE_MPEG、COE_PEG 和 COE_OJ 三者未缺失数据的平均数。

3.4　　　　中国权益资本成本现状分析

3.4.1　年度权益资本成本

表3-13是2004—2013年年度平均权益资本成本，表中 COE_MPEG 和 COE_PEG 各年度数值都极为接近，而 COE_OJ 各年度数值几乎都略微高于 COE_MPEG 和 COE_PEG。作为 COE_MPEG、COE_PEG 和 COE_OJ 平均数的 COE，其数值相对要更加平缓，介于它们中间。

表3-13   年度权益资本成本

Year	COE_MPEG		COE_PEG		COE_OJ		COE	
	样本	均值	样本	均值	样本	均值	样本	均值
2004	951	0.058	720	0.067	708	0.086	982	0.063
2005	964	0.079	749	0.091	684	0.110	978	0.082
2006	820	0.058	626	0.068	830	0.095	970	0.071
2007	864	0.039	725	0.044	828	0.064	942	0.047
2008	964	0.096	948	0.093	877	0.104	967	0.098
2009	958	0.072	958	0.069	899	0.078	958	0.073
2010	971	0.084	971	0.081	915	0.079	971	0.082
2011	1 019	0.111	1 019	0.106	965	0.114	1019	0.110
2012	1 111	0.113	1 111	0.108	1 032	0.104	1111	0.109
2013	1 124	0.115	1 124	0.111	1 027	0.116	1124	0.115
合计	9 746	0.085	8 951	0.087	8 765	0.096	10 022	0.086

图3-1是2004—2013年度权益资本成本的走势图，图中COE_MPEG、COE_PEG、COE_OJ和COE的走势线非常接近，它们的年度拐点都是一致的，在2005年和2008年存在极大值的拐点，而2009年后权益资本成本逐步上升，这恰好与经济周期吻合。因为2005年的股权分置改革、2008年的金融危机导致了投资风险增加，从而推高了权益资本成本，在2009年后中国经济结构调整进入攻坚阶段，经济发展速度下降，企业面临着包括人力资源成本在内的各生产要素成本上升压力，企业整体经济效益下降，投资者面临更高的投资风险，进而导致了权益资本成本的提高。

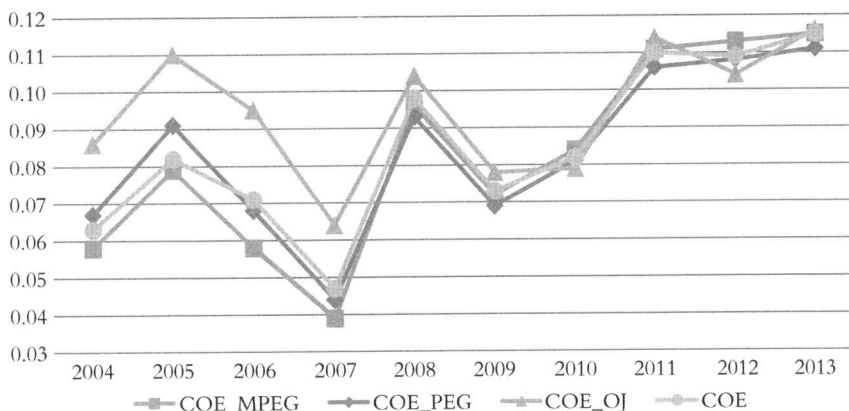

图3-1 年度权益资本成本走势图

3.4.2 行业权益资本成本

表 3-14 是 2004—2013 年分行业平均权益资本成本，从表中可知，无论采用哪一个模型度量权益资本成本，各行业的权益资本成本差距不是很大，全部介于[0.07，0.11]之间。

表 3-14　　　　　　　　　　　行业权益资本成本

行业名称	行业代码	COE_MPEG		COE_PEG		COE_OJ		COE	
		样本	均值	样本	均值	样本	均值	样本	均值
农、林、牧、渔业	A	216	0.078	181	0.090	164	0.081	219	0.078
采掘业	B	269	0.085	265	0.078	256	0.093	273	0.084
制造业	C	5276	0.083	4828	0.086	4665	0.094	5433	0.085
电力、煤气及水的生产和供应业	D	522	0.092	496	0.089	482	0.105	528	0.094
建筑业	E	246	0.093	227	0.095	230	0.111	249	0.097
交通运输、仓储业	F	426	0.092	399	0.089	395	0.102	431	0.092
信息技术业	G	523	0.074	466	0.080	480	0.083	544	0.077
批发和零售贸易	H	761	0.088	706	0.089	694	0.099	777	0.089
房地产业	J	656	0.100	612	0.102	613	0.109	680	0.099
社会服务业	K	280	0.077	251	0.080	251	0.088	288	0.078
传播与文化产业	L	99	0.072	97	0.069	92	0.076	99	0.072
综合类	M	472	0.077	423	0.083	443	0.093	501	0.081
合计	—	9 746	0.085	8 951	0.087	8 765	0.096	10 022	0.086

图 3-2 是 2004—2013 年分行业平均权益资本成本折线图，图中 COE_MPEG、COE_PEG、COE_OJ 和 COE 的折现图变动趋势非常接近。图中建筑业（E）和房地产业（J）权益资本成本是最高的，信息技术业（G）和传播与文化产业（L）权益资本成本是最低的，这可能是因为建筑业和房地产业投资回收期比较长，存在更大的投资风险，从而导致权益资本成本更高，而信息技术业和传播与文化产业属于第三产业中的朝阳产业，有着更良好的成长性，投资风险相对更低一些，进而降低了权益资本成本。

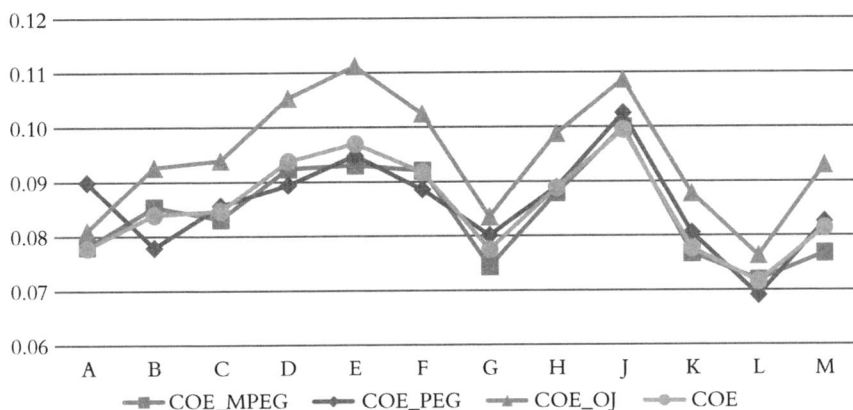

图 3-2　行业权益资本成本折线图

3.5　本章小结

　　本章主要概述了权益资本成本度量模型及其在中国的适用性。权益资本成本度量模型可以区分为事后权益资本成本度量模型和事前权益资本成本度量模型，事后权益资本成本度量模型又可以区分为资本资产定价模型（CAPM）、套利定价模型（APT 模型）和 Fama-French 三因子模型，它们都采用事后的已实现报酬率来度量权益资本成本。事前权益资本成本度量模型可以分为三类：Gordon 增长模型、剩余收益模型和异常盈余增长模型，其中，剩余收益模型可以分为 CT 模型和 GLS 模型，异常盈余增长模型可以分为 AGR 模型、MPEG 模型、PEG 模型、EP 模型和 OJ 模型，它们都采用事前的期望报酬率来度量权益资本成本。

　　以上模型中哪些模型更适合于中国资本市场？目前国内外尚无统一的定论。本书借鉴国外经典文献检验权益资本成本度量模型在国外资本市场适用性的做法，采用两种方法进行检验：一是检验权益资本成本与已实现报酬率之间是否存在显著的相关性；二是检验权益资本成本与风险因子变量之间是否存在显著的相关关系。通过相关性分析和单变量回归分析发现，所有事前权益资本成本都与已实现报酬率之间存在显著的相关性，表明事前权益资本成本能够反映已实现报酬率的变化；通过相关性分析、多元回归分析、进一步测试和稳健性检验发现，所有权益资本成本度量模型中COE_MPEG、COE_PEG和COE_OJ与风险因子变量之间的关系最符合理论预期。因此，本章的检验表明所有权益资本成本度量模型中较适合中国资本市场的模型是MPEG模型（COE_MPEG）、PEG模型（COE_PEG）和OJ模型（COE_OJ），但三者之间没有绝对的排序。本章基于COE_MPEG、COE_PEG和COE_OJ及其平均数COE分析了中国权益资本成本的现状，通过年度分析发现，样本中2005年和2008年的权益资本成本较低，而2009年后权益资本成本逐步上升，这恰好与经济周期吻合；通过行业分析发现，2004—2013年的样本公司中，建筑业（E）和房地产业（J）权益资本成本是最高的，而信息技术业（G）和传播与文化产业（L）权益资本成本是最低的。

第 4 章

终极所有权结构对权益资本成本的影响

4.1 ——————————— 引言 ———————————

根据现代公司财务和公司治理理论，股权结构是现代公司财务和公司治理研究框架的产权基石，从根本上决定着公司的决策机制和激励约束制度，决定着公司的行为准则和企业绩效（谭兴民等，2010）。早期研究认为公司股权普遍是分散的，在分散的股权结构下不存在控股股东，所有股东都存在"搭便车"心理，缺乏动机去监督管理者，公司控制权往往落入管理者手中，导致公司管理层的过度投资和在职消费（Berle 和 Means，1932），引发股东与管理者的利益冲突（第一类代理冲突）。但是，后来的研究者逐渐发现，公司股权分散并不是普遍存在的，世界上大多数国家上市公司的股权都是相对集中的，集中的股权被终极控制股东所掌握（La Porta et al.，1999）。终极控制股东的存在会带来正反两方面的后果：一是有助于监管经理层的低效或失职行为；一是更有可能发生对外部投资者的利益掠夺，引发终极控制股东与外部中小股东之间的利益冲突（第二类代理冲突）。目前终极所有权结构的研究成为了公司治理研究的主流方向之一，国际上对它的研究主要围绕三个方面展开：终极所有权的集中度、终极控制股东的两权分离度和终极所有权性质（Poletti，2009）。

已有文献初步探讨了终极所有权结构与权益资本成本的关系（黄登仕和刘海雁，2010），但仍有关键问题没有得到解决。比如，在不同终极所有权性质下，终极所有权、两权分离度对权益资本成本的影响是否有显著差异；在探讨终极所有权性质（或终极控制人类型）与权益资本成本关系时，已有文献把终极所有权性质只划分为国有和非国有两类，这是否能够很好地区分和刻画中国复杂的各种所有权成分特性，是否能够清晰区分不同所有权性质下权益资本成本的显著差异。

针对上述急需解决的关键问题，首先，本章探讨了终极所有权、两权分离度对权益资本成本的影响，并把国有性质纳入研究框架，探讨国有性质如何影响终极所有权、两权分离度与权益资本成本之间的关系。其次，本章详细探讨了不同终极所有权性质下权益资本成本的显著差异。因为终极所有权性质与公司价值和公司治理的关系也是长期以来理论界和实务界关注的焦点（林建秀，2007）。目前国际上通常把终极所有权性质区分为国有和非国有两类（王雪梅，2013），它们与公司价值的关系在中国资本市场中存在两种相互对立的观点：国有控股有助于提升公司价值（Jiang et al.，2010；Calomiris et al.，2010；程仲鸣，2010）或降低公司价值（Lin et al.，1998；夏立军和方轶强，2005）。这种分歧的产生很可能是因为它们对公司价值影响差异较小的缘故，实证检验的结果可能并不稳健，容易受到样本选择的影响。深究其原因可以发现，中国作为一个转轨阶段的新兴市场经济体，经济成分极为复杂，不同所有权性质的终极控制股东在公司中的利益诉求有着较大的差异，面对多样的公司内外部治理环境，他们有着不同的决策和管理行为，进而可能导致迥异的经济后果。因此，为更好地理清复杂经济成分对公司价值和公司治理的影响，对所有权性质进行更加细致的划分就显得非常必要。本章依据公司终极控制股东的利益诉求以及公司面临的内外部治理环境的差异，把国有控股企业（以下简称为国有企业）细分为中央政府控股企业、地方政府控股企业、事业单位控股企业（以下简称为中央企业、地方企业、事业单位企业）[1]，把非国有

---

① 企业和公司并不等价，企业是包含公司在内的一个更大范畴，但本书对两者并不做严格区分，而是共同使用。

控股企业（以下简称为非国有企业）细分为民营控股企业（以下简称为民营企业）、港澳台资和外资控股企业（以下简称为外资企业），在此基础上，探讨不同终极所有权性质对公司价值的构成要素——权益资本成本的影响。

本章后续内容的结构安排如下：第2节是理论分析与研究假设；第3节是实证方案设计；第4节是实证结果分析；第5节是稳健性检验；第6节是本章小结。

4.2 —————— 理论分析与研究假设 ——————

4.2.1 终极所有权与权益资本成本

终极控制股东在公司中拥有更多的终极所有权（即现金流量权），能够增加其在公司中剩余收益的索取权，从公司中获取更多的股利收益，其利益与公司价值将更趋于一致，为此终极所有权的增加发挥了正面的"激励效应"（王鹏和周黎安，2006；杨淑娥和苏坤，2009），终极控制股东将会减少对外部中小股东的利益侵占，以避免损害公司价值，进而最终损害其在公司中存有的较大利益份额。换句话说，终极所有权的增加会导致终极控制股东掠夺成本的增加（涂瑞和肖作平，2010），从而抑制其对公司及中小股东的掠夺行为，因为终极控制股东在公司中的终极所有权越大，其公司的剩余收益就越多，如果终极控制股东通过关联交易、资金担保和资金占用等方式侵占公司价值和其他中小股东利益，也将损害其在公司中存有的较大利益，即增加了掠夺成本。现有文献也已经证明终极所有权增加能够给公司带来诸多的正面效应。Bebchuk et al.（2000）研究发现，公司中终极所有权的增加能够减少公司代理成本。Gomes（2000）认为较高现金流量权可以看作终极控制股东不侵占中小股东利益的一个保证。La Porta et al.（2002）研究认为，终极所有权（现金流量权）与公司价值是正相关关系，终极所有权增加会导致公司价值的增加。Claessens et al.（2002）认为，伴随着公司现金流权的增加，终极控制股东在公司中的利益也会随之增加，终极控制股东有更强的意愿去经营好公司，减少控制权私人收益。Hughes（2009）认为，终极所有权增加能够有效缓解控制权私人收益引发的代理问题。Malan et al.（2013）研究发现，终极所有权增加能够降低公司的盈余信息操纵，提高会计信息披露水平，进而降低终极控制股东与中小股东的代理冲突。相反，终极所有权减少会给公司带来诸多消极影响，Lemmon 和 Lins（2003）发现，终极所有权减少会强化终极控制股东在投资受冲击时掠夺中小股东的动机，尤其是在类似中国这样资本市场不发达、投资者法律保护较弱的新兴市场经济体中；Almeida 和 Wolfenzon（2006）认为，终极所有权减少会降低终极控制股东进行利益侵占时所面临的风险和成本，进而强化其掠夺动机，加剧终极控制股东和外部投资者的代理冲突。

总的来说，终极所有权增加能够降低公司的代理成本、缓解公司的代理冲突，并激励终极控制股东对公司进行有效治理，加强对公司经理层的监督，提升信息披露质量，缓解中小股东的信息不对称，从而提升公司价值。因此，终极所有权的增加能够降低投资者所面临的投资风险，投资者基于收益和风险对等原则，愿意降低其投资的必要报酬率，进而导致公司权益资本成本的下降。

基于以上分析，提出假设1。

假设1：终极所有权增加（即现金流量权增加）会降低公司权益资本成本。

在国有公司和非国有公司中，终极所有权和权益资本成本之间的关系会由于终极控制股东追求的主要目标不同而导致显著差异。在非国有公司中，终极控制股东追求自身经济利益的最大化。与此不同，在国有公司中，尽管国有终极控制股东也会追求自身经济利益的最大化，但是，与追求经济利益相比，国有终极控制股东更多追求政治和社会利益的最大化。深究其原因可以发现，中国国有公司长期以来存在产权不明晰和监管不到位的情况，国有公司的国有股名义上属于国家所有，但实际上为政府的国有资产管理机构所控制，其官员直接或间接地控制了国有公司的经营管理，但是政府官员只有控制权而没有剩余索取权，无法从国有公司中获取剩余收益，无论工作多努力也只能收获政府发放的工资及相关福利，从而导致控制权和剩余索取权相分离。因此，监管公司的政府官员主要追求的目标不是国有股份的经济利益最大化，而是基于政绩考虑的自身政治利益的最大化，政府官员希望公司的发展服务于政府的经济社会发展战略，更多承担社会责任，以提升政府官员的政绩。终极控制股东追求的主要目标不同，最终会影响到终极所有权和权益资本成本之间的关系。如前文所述，当终极所有权增加时，终极控制股东与公司的利益更趋于一致，终极控制股东通过关联交易、资产置换和公司借贷等方式掏空公司资源、侵占中小股东利益时，在损害公司价值的同时也会造成自身更大经济利益的损失，终极控制股东为避免经济利益的损失会抑制其掠夺行为，此时终极所有权发挥了调节终极控制股东和中小股东之间矛盾、减缓代理冲突的作用。但是，在国有公司中，国有股份的经济利益往往会让位于政府官员的政治和社会利益，在政府的经济社会发展战略需要时，政府官员可能会牺牲国有股份的经济利益而要求国有公司承担过多的政治任务和社会责任，如承担盈利很低甚至亏损的公共工程，此时终极所有权减缓代理冲突的作用受到了削弱。因此，当终极所有权增加时，终极控制股东会抑制其掠夺行为，进而降低投资者的投资风险和公司的权益资本成本，但是，在国有公司中，终极所有权减缓代理冲突的作用会受到削弱，进而会削弱终极所有权和公司权益资本成本之间的负相关关系。

基于以上分析，提出假设 2。

假设 2：与国有公司相比，非国有公司终极所有权和权益资本成本之间的负相关关系更为显著。

4.2.2　两权分离度与权益资本成本

终极控制股东以金字塔股权结构、交叉持股和双重投票权等方式控制公司，会导致终极所有权和控制权的两权分离。Grossman 和 Hart（1988）、Lemmon 和 Lins（2003）发现两权分离会导致公司价值受损。Claessens et al.（2002）的研究表明终极所有权与公司价值正相关，而两权分离度的增加会导致"堑壕效应"大于"激励效应"，公司价值随两权分离度的增加而降低。Chang（2003）、Attig（2007）等发现上市公司两权分离度的提高更可能发生对中小股东的利益侵占。Lin et al.（2013）研究发现两权分离会强化终极控制股东的掠夺动机，公司更可能陷入财务困境和违约风险，增加了公司的破产成本。叶勇等（2007）、刘星和安灵（2010）、肖作平（2010）等也发现中国上市公司两权分离度与公司价值存在负相关关系。总体而言，终极所有权和控制权的分离会导致终极控制股东对公司资源的控制力大于其在公司中承担的责任和义务（即权利和责任不匹配），进而强化终极控制股东对中小股东的掠夺动机，导致更剧烈的代理冲突以及公司价值的降低。为掩盖掠夺行为，避免政府和外部投资者的干预，终极控制股东往往还进行盈余信息操纵，导致盈余信息质量下降（Fan和Wong，2002）。代理冲突的加剧和信息质量的下降会增加投资者的投资风险，进而推高公司的权益资本成本。

下面可以通过一个例子来阐述两权分离度与权益资本成本的关系，假如终极控制股东控制了A公司60%股份，A公司又控制B公司40%股份，B公司又控制C公司30%股份，则在该金字塔股权结构中终极控制股东在C公司的所有权是7.2%（60%×40%×30%），而控制权是30%（min（60%，40%，30%）），如果终极控制股东通过商品关联交易或资产置换等方式把经济利益从C公司输送到A公司，则终极控制股东能够获得该经济利益的52.8%（60%-7.2%），极大地侵占了C公司其他中小股东的利益。通常终极控制股东的控制权越大，越能够控制C公司进行利益输送，而所有权越小，终极控制股东因利益输送在C公司中承担的损失越低，最终从利益输送中所获得的份额就越多。因此，终极控制股东控制权越大而所有权越小时（即两权分离度越大时），外部中小股东越可能受到终极控制股东的利益侵占，导致其投资风险增加，从而推高公司的权益资本成本。

基于以上分析，提出假设3。

假设3：终极所有权和控制权的分离度越大（即两权分离度越大），权益资本成本越高。

如前文所述，在国有公司中，政府官员直接或间接地控制了国有公司的经营管理权，但是，政府官员只有控制权而没有剩余收益的索取权，即控制权和剩余索取权相分离。监控公司的政府官员追求的主要目标不是国有股份的经济利益最大化，而是基于政绩考虑的自身政治利益最大化。因此，在国有公司中，即便存在更高的两权分离度，政府官员也能够通过资金占用、关联交易和资产置换等方式剥夺中小股东的经济利益，但在法律约束下政府官员也难以合法地从中获取相应的收益，所以，当公司存在终极所有权和控制权相分离时，即便两权分离度高，政府官员也不会为此代表政府更严厉地侵占国有公司的公司价值和中小股东利益。相比非国有公司，国有公司中更高两权分离度所带来的侵占激励更弱，从而导致其对投资者投资风险和公司权益资本成本的影响程度更弱，即国有公司性质削弱了两权分离度与权益资本成本的正相关关系。

基于以上分析，提出假设4。

假设4：与国有公司相比，非国有公司两权分离度与权益资本成本之间的正相关关系更为显著。

4.2.3　终极所有权性质与权益资本成本

如前文所述，终极所有权性质只划分为国有和非国有两类，难以区分和刻画中国复杂的各种所有权成分特性，无法清晰区分不同所有权性质下权益资本成本的显著差异，因此，有必要进一步细化终极所有权性质的类别，在此基础上讨论它们对权益资本成本的影响。在具体讨论过程中，主要以民营企业为参照基准，探讨其他所有权性质公司（即中央企业、地方企业、事业单位企业和外资企业）的权益资本成本与民营企业相比有无系统性差异。理论分析以终极控制股东与外部中小股东的代理问题为切入点，当终极控制股东有可能侵占外部中小股东利益时，会引发代理冲突，其侵占的可能性越高，代理冲突越严重，外部中小股东所预期的投资风险就越高，按照风险和收益对等原则，他们会要求更高的投资报酬率，从而增加公司的权益资本成本。

首先讨论地方企业与民营企业相比的权益资本成本。地方企业的终极控制股东为地方政府，在中国目前的制度环境下，地方政府具有较强的动机和能力干预地方企业的生产经营活动。中国20世纪90年代实行的分税制改革，赋予了地方政府更多的财权和事权，使其在处理经济社会问题时具有更强的自主性，同时中国的官员考核机制——注重GDP经济指标的考核充分激励了官员去提高当地的经济发展水平（周黎安，2007），以获取晋升所需要的政治业绩，这些机制导致地方政府有更强的动机和能力调控经济。尽管中国实行了"政企分开"的体制改革，原则上要求政府不能直接干预企业的生产经营活动，但是地方政府对其管辖的地方企业的人事权和财权仍有很大的权力，可以通过管理层的人事任免以及信贷、税收、财政补贴等手段干预企业的生产经营。并且，由于地方企业产权名义上属于国家（或政府），拥有控制权的政府官员没有企业的剩余索取权，缺乏经济利益的激励，因此，他们通常不会以公司价值最大化作为监管企业的目标，而更可能为其"光鲜"的政绩要求地方企业承担许多本不应该由其承担的社会责任和政治成本（Lin et al., 1998），例如要求地方企业投资建设一些盈利很低甚至亏损的公共工程。承担过多的社会责任和政治成本会降低地方企业的公司价值，侵占中小股东的利益，尽管民营企业的中小股东也可能遭受终极控制股东的利益侵占，但其程度相比地方企业要小，这很可能是因为中国目前的投资者法律保护难以限制政府的政治权力，难以有效约束政府的侵权行为，施加于政府的法律约束显著低于非政府组织和个人。

另一方面，地方企业与地方政府的良好政治关系可能使企业能够获取经营外的经济利益。国有企业（包括中央企业和地方企业）高管往往都有较深的政治背景，他们或者是政府直接任命的官员，或者是人大代表，或者是政协委员。良好的政治关系能够影响政府相关政策向地方企业倾斜，企业从中获取诸如信贷、税收、财政补贴、市场准入资格等政府优待（Agrawal 和 Knoeber, 2001; Faccio, 2006; Faccio et al., 2006）。但是，在现行的制度环境下，地方企业的政治关系往往是政府为政治目的而强加的（Fan et al., 2007），因此，有学者认为地方政府对地方企业的政策优待只不过是政府为未来更好地掏空企业而进行的"虚假支持"——"放长线钓大鱼"（夏立军和方轶强，2005）。

总之，相比民营企业，地方企业需要承担更多的社会责任和政治成本，导致公司价值和其他中小股东利益受损，而现行制度环境难以约束地方政府对地方企业的侵权行为。因此，外部投资者基于利益受损的风险考量，对于地方企业会要求更高的投资报酬率，从而提高公司的权益资本成本。

基于以上分析，提出假设5。

假设5：地方企业相比民营企业有着更高的权益资本成本。

中央企业尽管也属于国有企业，但相比地方企业仍存有较多差异，以下两方面会影响到两者的权益资本成本差异：一是中央企业的代理冲突程度更低。作为终极控制股东的中央政府是国企改革主要政策的制定者，为更好地贯彻落实自己制定的改革政策，会注重维护自身的形象，为下级政府树立表率。为落实"政企分开"政策，中央政府会赋予中央企业更多的经营自主权，减少对中央企业的干预。而地方政府为了自身政绩，在贯彻落实"政企分开"政策时往往会"打折扣"，会更多地干预地方企业以使其经营活动能够配合地方政府的"政绩工程"，从而导致地方企业相比中央企业要承担更多的社会责任和政治成本，损害外部中小股东的利益。二是中央企业通常具有较大规模，而且其行业大多处于关系国民经济命脉的支柱行业，因此，媒体和百姓对其的关注度更高，更容易受到来自舆论的监督。为避免在舆论监督中声誉受损，政府和公司高管都会约束其对中小股东的侵权行为和对公司价值的利益侵占（肖作平和黄璜，2013）。因此，对于外部投资者来说，中央企业相比地方企业有着更低的代理冲突和投资风险，投资者要求的投资报酬率会相对较低，从而导致公司的权益资本成本较低。

另一方面，中央企业相比民营企业，能够享受到政府的各种政策优待以及中央企业背后的中央政府的隐性风险担保。中央企业大多处于关系国计民生的重点行业，保证这些企业的健康发展对于政治的稳定和经济的发展都是至关重要的，因此，中央政府对于中央企业的支持更可能是出于发展企业本身的需要而不是基于未来掏空的"变相支持"。

总而言之，中央企业一方面能够在很大程度上避免如地方企业那样被政府强加过多社会责任和政治成本，另一方面还能够享受到来自政府的各项政策优待和隐性风险担保。因此，中央企业相比民营企业往往具有更高的公司价值和更低的投资风险，投资者基于风险所要求的必要报酬率会相对较低，进而导致公司权益资本成本较低。

基于以上分析，提出假设6。

假设6：相比地方企业和民营企业，中央企业有着更低的权益资本成本。

事业单位企业的终极控制股东主要是高校和科研院所，事业单位企业相比民营企业普遍存在更为严重的产权不明晰、公司治理结构不合理等顽疾（苏竣等，2007；武建龙等，2012）。事业单位企业创建的重要初衷是实现"产学研"的有效结合，加快科技成果的市场转化，但后面的发展使其更多地成为原事业单位用来从资本市场中套取资金的工具。长期以来事业单位企业改制滞后，相比民营企业，其产权不明晰、公司治理结构不合理等问题更为严重，当事业单位企业发展到一定程度后，往往会通过各种方式把大量的资金输送回原事业单位（资金数量远超出其正常的利润分红），比如很多高校创建的校办公司，在正常利润分红之外还以赞助、回报、发福利等方式为学校提供大量资金（连海平，2014），这种对原事业单位的利益输送会损害其他中小股东的利益，也会导致公司价值的受损。尽管事业单位企业在发展过程中能够获得来自终极控制股东（包括高校和科研院所等在内的事业单位）人财物的大力支持，尤其是高科技人才和高新科学技术。但这种支持更多是出于未来掏空的需要，在公司还没有发展壮大时加以扶持，以便吸引更多外部投资者的投资，在这一点上与地方政府对地方企业的扶持是相类似的。

总之，相比民营企业，事业单位企业更为严重的产权不明晰、公司治理结构不合理等问题，会加重终极控制股东对中小股东的利益侵占，导致更为严重的代理冲突，降低公司价值、提高公司投资风险，进而推高公司的权益资本成本。

基于以上分析，提出假设7。

假设7：事业单位企业相比民营企业有着更高的权益资本成本。

非国有企业可以区分为民营企业和外资企业，外资企业相比民营企业存有两方面优势：一是公司治理机制更加完善。覃毅和张世贤（2011）的研究认为在中国的外资企业通常拥有比较完善的公司治理结构和激励机制，学习并引进它们的组织模式能够提高内资企业的管理效率。张学勇和廖理（2011）的研究表明外资背景风险投资有助于公司治理机制的完善，提高公司的盈利水平。当外资进入中国后，能够把西方先进的管理经验和完善的公司治理模式引入外资企业，同时也能够优化公司的股权结构，这有利于提升外资企业的公司治理水平，提高公司价值。二是存在更为严格的双重监管。外资进入中国后，在接受中国法律法规监管的同时还要接受外资本国或地区法律法规的监管，而且外资所处国家或地区的资本市场相比中国通常更加完善，其监管制度更加健全。外资企业中存在的双重监管能够更好地约束终极控制股东对中小股东的利益侵占。总之，外资企业相比民营企业的这两点优势有助于提升其公司价值，保护中小股东的利益，从而降低投资者的投资风险及其必要报酬率，进而降低公司的权益资本成本。

基于以上分析，提出假设8。

假设8：外资企业相比民营企业有着更低的权益资本成本。

4.3 实证方案设计

4.3.1 研究变量定义

1）因变量

根据第3章的分析，权益资本成本度量模型在中国资本市场中适用性表现较好的是PEG模型、MPEG模型和OJ模型，为减少单个模型带来的偏差，同时也为增加样本容量，本书采用COE_PEG、COE_MPEG和COE_OJ三者的平均数来度量权益资本成本（COE），具体计算方法见第3章式（3-20）及其说明。

2）解释变量

为验证终极所有权、终极所有权和控制权的分离度对权益资本成本的影响，本书设置终极所有权（Own）、两权分离度（Separ）作为解释变量。借鉴主流文献La Porta et al.（1999）、Claessens et al.（2000）的做法来定义终极所有权、终极控制权及两权分离度。终极所有权（也被称为现金流量权）定义为每条控制链条上持股比例乘积之和，终极控制权定义为每条控制链条上最低的持股比例之和，两权分离度（Separ）定义为终极控制权除以终极所有权。关于终极所有权结构的更详细定义可以见第1章的关键术语界定。

为验证终极所有权性质对权益资本成本的影响，本书设置了六个虚拟变量作为解释变量，分别为国有企业虚拟变量（State）、中央企业虚拟变量（Central）、地方企业虚拟变量（Local）、事业单位企业虚拟变量（Institution）、民营企业虚拟变量（Private）和外资企业虚拟变量（Foreign）。这些虚拟变量定义为，当上司公司属于某类企业时，该类企业虚拟变量为1，否则为0。比如国有企业虚拟变量（State），当上司公司属于国有企业时，变量（State）为1，否则为0，其他虚拟变量定义类似。

解释变量的详细定义见表4-1。

表4-1　　　　　　　　　　　　　　　　　**解释变量定义**

变量名称	变量符号	变量定义
终极所有权	Own	上市公司每条控制链条上持股比例乘积之和
两权分离度	Separ	上市公司终极控制股东的终极控制权除以其终极所有权
国有企业虚拟变量	State	如果上市公司为国有企业,则等于1,否则等于0
中央企业虚拟变量	Central	如果上市公司为中央企业,则等于1,否则等于0
地方企业虚拟变量	Local	如果上市公司为地方企业,则等于1,否则等于0
事业单位企业虚拟变量	Institution	如果上市公司为事业单位企业,则等于1,否则等于0
民营企业虚拟变量	Private	如果上市公司为民营企业,则等于1,否则等于0
外资企业虚拟变量	Foreign	如果上市公司为外资企业,则等于1,否则等于0

3）控制变量

权益资本成本研究一直是财务管理研究领域的主流方向之一，在长期的研究过程中产生了极为丰硕的研究成果，众多学者发现了许多影响权益资本成本的因素，这些因素有必要在本书的实证模型中加以控制。第3章已经讨论了影响权益资本成本的风险因子因素，包括贝塔系数（Beta）、公司规模（Lnassets）、账面市值比（Bm）、经营风险（Oprisk）、财务风险（Finrisk）和股票流动性（Turnover），除此以外本书还借鉴Gebhardt et al.（2001）、Guay et al.（2011）、Hou et al.（2012）、沈艺峰等（2005）、王春飞等（2013）等学者的研究成果，还控制了其他公司特征及公司治理因素，包括盈利性（Roa）、资产周转率（Assturn）、成长性

（Incomegrow）、股利支付率（Rdiv）和股权集中度（Hfd），同时还控制了年份和行业的影响。控制变量详细定义见表4-2。

表4-2 控制变量定义

变量名称	变量符号	变量定义
贝塔系数	Beta	当年股票贝塔值
公司规模	Lnassets	年末总资产的自然对数
账面市值比	Bm	股东权益账面价值与其市场价值的比率
经营风险	Oprisk	年末非流动资产与年末总资产的比率
财务风险	Finrisk	年末总负债与年末总资产的比率
换手率	Turnover	年成交股数与年末流通股总股数的比率
盈利性	Roa	年净利润与年末总资产的比率
资产周转率	Assturn	年营业收入与年末总资产的比率
成长性	Incomegrow	年营业收入增长率
股利支付率	Rdiv	年现金股利总额与年净利润的比率
股权集中度	Hfd	年末第一至第五大股东持股比例的平方和
年份	Year	设置2005—2013年每一年的虚拟变量
行业	Industry	设置20个行业的虚拟变量[①]

4.3.2 实证模型构建

为实证检验终极所有权对权益资本成本的影响，以及这一影响在国有公司和非国有公司样本中其显著性是否存在差异，即验证假设1和假设2，本书构建了如下检验模型：

$$COE = \beta_0 + \beta_1 Own + \sum (\lambda Conrtol\_Variable) + \varepsilon \qquad (4-1)$$

为实证检验终极所有权和控制权的分离度（即两权分离度）对权益资本成本的影响以及这一影响在国有公司和非国有公司样本中其显著性是否存在差异，即验证假设3和假设4，本书构建了如下检验模型：

$$COE = \beta_0 + \beta_1 Separ + \sum (\lambda Control\_Variable) + \varepsilon \qquad (4-2)$$

其中，在式（4-1）和式（4-2）中，COE是权益资本成本，β_0、β_1和λ为对应检验模型的系数，Own为终极所有权，Separ为两权分离度，Control_Variable是控制变量（两个模型的控制变量相同，也都控制了年

---

① 根据2001年证监会颁布的《上市公司行业分类指引》，先按照大类进行分类，然后对制造业按二级明细再细划，总共分成21个行业（不包括金融保险业），为避免完全共线性，共设置20个虚拟变量。

份和行业），ε 是随机误差项。变量详细定义见表4-1和表4-2。

为验证终极所有权性质对权益资本成本的影响，即验证假设5~假设8，本书构建如下回归模型：

$$COE = \beta_0 + \beta_1 Nature + \sum(\lambda\, Control\_Variable) + \varepsilon \qquad (4-3)$$

其中，COE是权益资本成本，β_0、β_1 和 λ 是模型待估计参数。Nature是终极所有权性质虚拟变量，具体包括国有企业虚拟变量（State）、中央企业虚拟变量（Central）、地方企业虚拟变量（Local）、事业单位企业虚拟变量（Institution）、民营企业虚拟变量（Private）和外资企业虚拟变量（Foreign）。Control_Variable是控制变量（包括年份和行业），ε 是随机误差项。变量的详细定义见表4-1和表4-2。在实证检验时把终极所有权性质虚拟变量逐一放入回归模型中进行检验，接着把多个虚拟变量同时放入回归模型中进行检验（检验时考虑虚拟变量陷阱和多重共线性问题）。

4.3.3 样本选择和数据来源

直到2004年12月中国证监会才明确要求上市公司必须披露其实际控制人信息，而之前该类信息存在较大缺失。因此，本书采用2004—2013年所有沪、深上市公司作为初选样本，然后剔除如下部分样本：（1）金融保险类上市公司；（2）上市公司被ST或*ST处理；（3）上市公司资产负债率大于1；（4）同时发行A股和其他类型股票的上市公司，该类公司因为存在两个以上股价不便于求隐含权益资本成本，所以被剔除；（5）在中小板和创业板上市的公司；（6）终极控制权低于10%的公司；（7）变量存在数据缺失的。经过上述步骤筛选后，最终笔者获得包含10 080个观测个案的非平衡面板样本。本章所涉及变量的数据全部来自于CSMAR数据库。

4.3.4 数据的描述性统计

1）终极所有权的描述性统计

表4-3是终极所有权的描述性统计。从表4-3可见，样本公司终极所有权的平均数和中位数分别是32.69%和30.31%，最高年份（2004年）的平均数和中位数分别是37.15%和36.07%，最低年份（2007年）的平均数

和中位数分别是 30.31% 和 27.91%。图 4-1 是 2004—2013 年终极所有权平
均数和中位数的变化趋势，表 4-3 和图 4-1 的数据表明，终极所有权平均
数和中位数的变化趋势几乎是完全一致的，平均数（中位数）从 2004 年
最 高 位 置 的 37.15%（36.07%） 下 降 到 2007 年 最 低 位 置 的 30.31%
（27.91%），在此之后基本保持缓慢的增长趋势，但变化很小，至 2013 年
平均数（中位数）达到 32.93%（30.47%），仍然低于最高位置时的状态。
总体来说，混合样本中终极所有权的平均数和中位数普遍高于东亚国家但
低于西欧国家（Claessens et al.，2000；Faccio 和 Lang，2002）。

表 4-3　　　　　　　　　　　**终极所有权的描述性统计**

年份	观测数	平均数	标准差	最小值	25分位数	中位数	75分位数	最大值
2004	992	0.3715	0.1967	0.0050	0.2155	0.3607	0.5382	0.8500
2005	977	0.3553	0.1877	0.0092	0.2117	0.3320	0.5096	0.8119
2006	971	0.3068	0.1679	0.0144	0.1782	0.2824	0.4286	0.8450
2007	944	0.3031	0.1664	0.0144	0.1780	0.2791	0.4220	0.8400
2008	958	0.3080	0.1668	0.0053	0.1781	0.2877	0.4258	0.8400
2009	948	0.3134	0.1699	0.0053	0.1789	0.2943	0.4346	0.8400
2010	956	0.3221	0.1748	0.0056	0.1814	0.3002	0.4440	0.8400
2011	1 000	0.3281	0.1795	0.0128	0.1794	0.3019	0.4543	0.8374
2012	1 085	0.3287	0.1799	0.0078	0.1824	0.3055	0.4491	0.8940
2013	1 102	0.3293	0.1787	0.0132	0.1861	0.3047	0.4594	0.8989
Total	9 933	0.3269	0.1784	0.0050	0.1845	0.3031	0.4525	0.8989

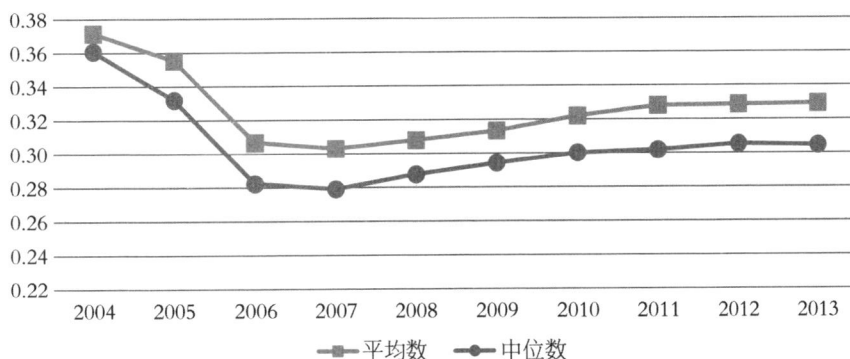

图 4-1　终极所有权平均数和中位数变化趋势

2）两权分离度的描述性统计

表 4-4 是两权分离度的描述性统计，表中样本公司两权分离度
（Separ）的平均数和中位数分别是 1.5075 和 1，最高年份（2007 年）的平均数是 1.5814，最低年份（2011 年）的平均数是 1.4326，两者的差距仅为
0.1488，中位数在 2004—2013 年最大值为 1.0049，最小值为 1，数值几乎没有变化，这表明样本公司终极所有权的平均数和中位数在 2004—2013
年间总体保持稳定，变化很小。图 4-2 是 2004—2013 年两权分离度平均数和中位数变化趋势，图中平均数由 2004 年的 1.5387，降到 2005 年的
1.5121，之后又开始上升至 2007 年的 1.5814，之后逐步下降到最低点至
2011 年的 1.4326，在这后又有所回升，2012 年和 2013 年分别达到 1.4619
和 1.4571；图 4-2 中中位数趋势线基本保持成一直线。图 4-2 和表 4-4 都表明混合样本中两权分离度的平均数和中位数在 2004—2013 年期间变化很小，基本保持稳定。与国外相比，混合样本两权分离度的平均数普遍高于东亚和西欧国家[①]（Claessens et al.，2000；Faccio 和 Lang，2002）。

70

表 4-4　　　　　　　　　**两权分离度的描述性统计**

年份	观测数	平均数	标准差	最小值	25分位数	中位数	75分位数	最大值
2004	992	1.5387	1.6161	1.0000	1.0000	1.0000	1.5285	27.0970
2005	977	1.5121	1.2805	1.0000	1.0000	1.0000	1.5883	22.3941
2006	971	1.5536	1.1797	1.0000	1.0000	1.0000	1.6622	13.6054
2007	944	1.5814	1.3394	1.0000	1.0000	1.0000	1.6667	16.1971
2008	958	1.5465	1.8125	1.0000	1.0000	1.0000	1.6515	48.2655
2009	948	1.5172	1.7823	1.0000	1.0000	1.0000	1.5943	48.2655
2010	956	1.4898	1.6709	1.0000	1.0000	1.0000	1.5584	45.3178
2011	1 000	1.4326	0.8539	1.0000	1.0000	1.0000	1.5393	8.8666
2012	1 085	1.4619	1.2107	1.0000	1.0000	1.0049	1.5344	21.6030
2013	1 102	1.4571	1.0762	1.0000	1.0000	1.0002	1.5261	15.7158
混合	9 933	1.5075	1.4070	1.0000	1.0000	1.0000	1.5840	48.2655

---

① 根据 Claessens et al.（2000）的研究，东亚国家和地区，如中国香港、印度尼西亚、日本、韩国、马来西亚、菲律宾、新加坡、中国台湾、泰国的公司控制权对所有权比率的均值依次为 1.134、1.276、1.661、1.666、1.172、1.101、1.259、1.202、1.063；混合样本的公司控制权对所有权比率的均值为 1.340。根据 Faccio 和 Lang 的研究，西欧地区，如奥地利、比利时、芬兰、法国、德国、爱尔兰、意大利、挪威、葡萄牙、西班牙、瑞典、瑞士和英国的公司控制权对所有权比率的均值分别为 1.175、1.284、1.188、1.075、1.188、1.233、1.346、1.289、1.082、1.063、1.266、1.351、1.126；混合样本的公司控制权对所有权比率的均值为 1.152。

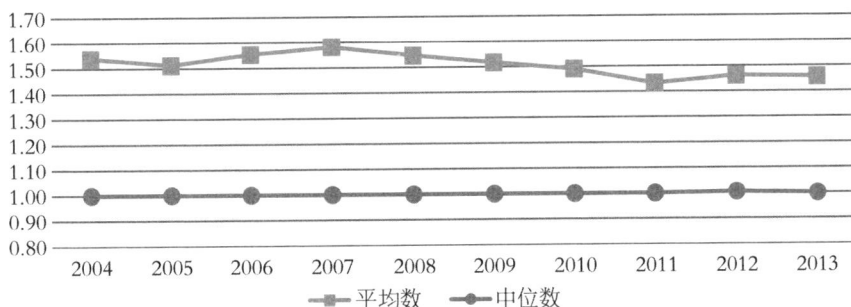

图 4-2 两权分离度平均数和中位数变化趋势

3）混合样本的描述性统计

表 4-5 是混合样本的描述性统计，从表中可见样本公司的权益资本成本（COE）的平均值和中位数分别为 8.6% 和 7.99%，标准差为 4.99%，最小值为 0，最大值为 85.52%，表明中国上市公司的权益资本成本有着较大的差异，波动性较大。国有企业虚拟变量（State）的平均数为 0.675，即样本公司中国有企业比重达到 67.5%[①]，说明样本公司中国有企业仍然是绝对的主体。中央企业虚拟变量（Central）、地方企业虚拟变量（Local）、事业单位企业虚拟变量（Institution）、民营企业虚拟变量（Private）和外资企业虚拟变量（Foreign）平均数分别是 0.1816、0.4740、0.0196、0.2918 和 0.0329，可见在全部样本公司中中央企业、地方企业、事业单位企业、民营企业和外资企业分别占比为 18.16%、47.4%、1.96%、29.18% 和 3.29%，这其中地方企业所占比重最大，几乎占了一半，而事业单位企业和外资企业所占比重较小，都没有超过 4%。

表 4-5 混合样本的描述性统计

变量	观测数	平均数	标准差	最小值	25分位数	中位数	75分位数	最大值
COE	10 022	0.0860	0.0499	0.0000	0.0526	0.0799	0.1112	0.8552
State	10 080	0.6750	0.4684	0.0000	0.0000	1.0000	1.0000	1.0000
Central	10 080	0.1816	0.3856	0.0000	0.0000	0.0000	0.0000	1.0000
Local	10 080	0.4740	0.4993	0.0000	0.0000	0.0000	1.0000	1.0000
Institution	10 080	0.0196	0.1388	0.0000	0.0000	0.0000	0.0000	1.0000

[①] 考虑到样本为非平衡面板，因此这个数只是一个近似值，同样下文中各类公司占样本公司的比重也是近似值。

71

变量	观测数	平均数	标准差	最小值	25分位数	中位数	75分位数	最大值
Private	10 080	0.2918	0.4546	0.0000	0.0000	0.0000	1.0000	1.0000
Foreign	10 080	0.0329	0.1785	0.0000	0.0000	0.0000	0.0000	1.0000
Beta	10 026	1.1137	0.2451	−0.3425	0.9811	1.1303	1.2604	2.3551
Lnassets	10 080	21.7994	1.1657	15.5773	20.9784	21.7000	22.4918	27.3875
Bm	10 080	0.4940	0.3125	0.0022	0.2594	0.4338	0.6619	4.4132
Oprisk	10 076	0.4728	0.2196	0.0000	0.3092	0.4687	0.6394	0.9893
Finrisk	10 080	0.5118	0.1877	0.0071	0.3807	0.5258	0.6503	0.9938
Turnover	10 080	5.1938	3.6081	0.0067	2.5161	4.2182	6.8696	31.0299
Roa	10 079	0.0319	0.0890	−2.7463	0.0105	0.0291	0.0556	4.8366
Assturn	10 079	0.7158	0.5783	0.0001	0.3515	0.5827	0.8964	8.0968
Incomegrow	9 944	0.2180	0.5399	−0.6502	−0.0102	0.1326	0.3059	3.7667
Rdiv	10 080	0.2146	0.2959	0.0000	0.0000	0.1013	0.3331	1.5889
Hfd	10 080	0.1846	0.1321	0.0058	0.0799	0.1516	0.2619	0.7998

4.4 实证结果分析

4.4.1 单变量分析

1）终极所有权和权益资本成本的单变量分析

由于公司规模是影响公司权益资本成本的一个显著变量，为避免公司规模给单变量分析造成不必要的干扰，本书在进行终极所有权和权益资本成本的单变量分析时，首先，对全样本按终极所有权划分为高、低两组，然后按照年份和行业相同、规模相近的原则进行配对，其次，参照相同的配对原则，分别对国有公司子样本和非国有公司子样本划分出终极所有权高、低两组。表4-6是配对样本后终极所有权和权益资本成本的单变量分析结果，单变量分析时分别采用了均值 T 检验和 Wilcoxon 中位数秩和检验。

表 4-6　　　　　　　　　**终极所有权和权益资本成本的单变量分析**

Panel A：全样本

公司类型	观测数	平均值	平均值差	T 值	中位数	中位数差	Z 值
终极所有权高	2 550	8.28%	-0.28%	-2.061**	7.68%	-0.29%	-1.637*
终极所有权低	2 550	8.56%			7.97%		

Panel B：国有公司子样本

终极所有权高	1 471	8.28%	-0.28%	-1.593	7.77%	-0.30%	-1.227
终极所有权低	1 471	8.56%			8.07%		

Panel C：非国有公司子样本

终极所有权高	564	8.09%	-0.88%	-2.882***	7.71%	-0.57%	-2.294**
终极所有权低	564	8.97%			8.28%		

注：***、**、*分别表示通过1%、5%、10%的显著性水平检验。

在表4-7的全样本配对组中，终极所有权高的组其权益资本成本的均值和中位数分别在5%和10%水平上显著低于终极所有权低的组。这表明，终极所有权提高会降低公司的权益资本成本，终极所有权和权益资本成本存在显著的负相关关系，验证了假设1。在国有公司子样本配对组中，终极所有权高的组其权益资本成本的均值和中位数都要低于终极所有权低的组，但没有通过显著水平检验；而在非国有公司子样本配对组中，终极所有权高的组其权益资本成本的均值和中位数分别在1%和5%水平上显著低于终极所有权低的组。这表明，与国有公司相比，非国有公司终极所有权与权益资本成本之间的负相关关系更为显著，验证了假设2。

2）两权分离度和权益资本成本的单变量分析

在进行两权分离度和权益资本成本的单变量分析时，首先，对存在两权分离的公司按其分离度划分为高、低两组，然后按照年份和行业相同、规模相近的原则进行配对，其次，参照相同的配对原则，分别对国有公司子样本和非国有公司子样本划分出两权分离度高、低两组。表4-7是样本配对后两权分离度和权益资本成本的单变量分析结果。单变量分析时分别采用了均值T检验和Wilcoxon中位数秩和检验。在表4-7的全样本配对组中，两权分离度高的组其权益资本成本的均值和中位数分别在5%和

10%水平上显著高于两权分离度低的组，表明两权分离度越高，公司权益资本成本越高，两权分离度和权益资本成本存在显著的正相关关系，验证了假设3。在国有公司子样本配对组中，两权分离度高的组其权益资本成本的均值和中位数都高于两权分离度低的组，但没有通过显著水平检验；而在非国有公司子样本配对组中，两权分离度高的组其权益资本成本的均值和中位数分别在5%和10%水平上显著高于两权分离度低的组。这表明，与国有公司相比，非国有公司两权分离度与权益资本成本之间的正相关关系更为显著，验证了假设4。

表4-7　　　　　　　　**两权分离度和权益资本成本的单变量分析**

Panel A：全样本

公司类型	观测数	平均值	平均值差	T值	中位数	中位数差	Z值
两权分离度高	992	8.75%	0.54%	2.265**	8.11%	0.46%	1.756*
两权分离度低	992	8.21%			7.65%		

Panel B：国有公司子样本

两权分离度高	286	8.68%	0.23%	0.594	8.24%	0.22%	0.609
两权分离度低	286	8.45%			8.02%		

Panel C：非国有公司子样本

两权分离度高	413	9.11%	0.98%	2.431**	8.28%	0.66%	1.659*
两权分离度低	413	8.13%			7.62%		

注：***、**、*分别表示通过1%、5%、10%的显著性水平检验。

3）终极所有权性质和权益资本成本的单变量分析

本章按终极所有权性质把上市公司划分为五类，为更好地探讨这五类公司对权益资本成本的影响，本章对它们按照年份和行业相同、规模相近的原则进行两两配对（与上文配对方法相同）。表4-8是终极所有权性质和权益资本成本的单变量分析，表中对不同类型公司的权益资本成本进行了均值T检验和Wilcoxon中位数秩和检验。在表4-8的国有企业和非国有企业配对组中，国有企业与非国有企业相比，其权益资本成本的均值和中位数都没有显著差别，表明终极所有权性质只划分为国有和非国有两类，难以清晰区分不同终极所有权性质下权益资本成本的显著差异，难以刻画中国复杂的所有权成分特性。在中央企业和民营企业配对组中，中央企业权益资本成本的均值和中位数都在1%水平上显著低于民营企业，同时，在中央企业和地方企业配对组中也发现，中央企业权益资本成本的均值和中位数都在1%水平上显著低于地方企业。这表明中央企业比民营企业和地方企业有着显著更低的权益资本成本，验证了假设6。在地方企业与民营企业配对组中，地方企业权益资本成本的均值和中位数分别在5%和1%水平上显著高于民营企业，表明地方企业比民营企业有着显著更高的权益资本成本，验证了假设5。在事业单位企业与民营企业配对组中，事业单位企业与民营企业相比，其权益资本成本的平均数和中位数都没有显著差异（没有通过10%的显著性水平检验），假设7没有得到验证。在外资企业和民营企业配对组中，外资企业权益资本成本的平均数和中位数都低于民营企业，但没有通过显著水平检验，假设8得到部分验证。总的来说，单边量分析初步验证了假设5、假设6和假设8的正确性，但是假设7没有得到验证。

表4-8　　　终极所有权性质和权益资本成本的单变量分析

国有企业与非国有企业配对							
公司类型	观测数	平均值	平均值差	T 值	中位数	中位数差	Z 值
国有企业	2124	8.31%	−0.06%	−0.4203	7.81%	0.02%	0.080
非国有企业	2124	8.37%			7.79%		
中央企业与民营企业配对							
中央企业	770	7.25%	−1.49%	−6.846***	7.06%	−1.19%	−5.708***
民营企业	770	8.74%			8.25%		
中央企业与地方企业配对							
中央企业	1098	7.70%	−1.30%	−7.175***	7.53%	−0.87%	−6.364***
地方企业	1098	9.00%			8.40%		
地方企业与民营企业配对							
地方企业	1644	8.77%	0.43%	2.481**	8.14%	0.46%	2.834***
民营企业	1644	8.34%			7.68%		
事业单位企业与民营企业配对							
事业单位企业	114	6.22%	−0.89%	−1.399	5.39%	−1.66%	−1.574
民营企业	114	7.11%			7.05%		
外资企业与民营企业配对							
外资企业	198	8.00%	−0.42%	−1.0937	8.12%	−0.52%	−0.737
民营企业	198	8.42%			8.64%		

注：上标***、**分别表示检验统计量通过1%、5%的显著性水平检验。

4.4.2 多元回归分析

1）终极所有权、两权分离度与权益资本成本的回归结果

表4-9是终极所有权性质、两权分离度与权益资本成本的回归结果，其中模型（1）和模型（2）是全样本回归，模型（3）和模型（4）是国有企业子样本回归，模型（5）和模型（6）是非国有企业子样本回归。通过 Breusch-Pagan 检验（Breusch 和 Pagan，1980）、Hausman 检验和 Sargan-Hansen 过度识别检验发现，模型（1）至模型（6）都不适合使用混合效应和随机效应模型。因此，本书采用了个体固定效应模型。总的来看，模型（1）至模型（6）中，调整后 R^2 介于 0.194 至 0.331 之间，表明模型（1）至模型（6）中的解释变量和控制变量能够解释权益资本成本 19.4% 至 31.6% 的变异；F 统计量在 1% 的水平上全部高度显著，表明模型系数整体显著；Wald 检验 1 和 Wald 检验 2 中的 F 统计量（模型（5）和模型（6）中 Wald 检验 2 除外）都在 1% 水平上高度显著，表明年份和行业对权益资本成本有着显著的影响；模型中的控制变量系数符号与已有文献研究发现基本一致，基本符合理论预期。此外，本章还对模型（1）至模型（6）进行了多重共线性检测，发现所有解释变量和控制变量的方差膨胀因子（Vif）都显著小于 10，可以判定不存在多重共线性。

在表 4-9 的模型（1）、模型（3）和模型（5）中，终极所有权（Own）系数在 5% 或 10% 水平上显著为负，表明终极所有权和权益资本成本存在显著负相关关系，验证了假设1。这一实证结果说明，伴随着终极所有权的增加，终极控制股东在公司中的剩余索取权增加，能够从公司中获取更多的股权收益，导致终极控制股东的利益与公司价值更趋于一致，如果终极控制股东通过关联交易、资产置换和信贷担保等方式侵占公司价值和其他中小股东利益，自身将会承担更大的掠夺风险和掠夺成本，而且掠夺成本将随着终极所有权的增加而同步增加。因此，终极所有权的增加会降低终极控制股东对公司价值和其他中小股东的利益侵占，从而降低公司的代理冲突程度以及投资风险，进而降低公司的权益资本成本。

表4-9 **终极所有权、两权分离度与权益资本成本的多元回归结果**

变量	全样本		国有企业样本		非国有企业样本	
	(1)	(2)	(3)	(4)	(5)	(6)
Own	−0.014**		−0.016*		−0.031**	
	(−2.061)		(−1.879)		(−2.358)	
Separ		0.001***		0.001		0.001**
		(2.946)		(0.584)		(2.404)
Beta	0.006***	0.006***	0.002	0.002	0.009**	0.009**
	(2.696)	(2.707)	(0.873)	(0.929)	(2.284)	(2.263)
Lnassets	−0.000	−0.000	−0.001	−0.001	−0.000	−0.000
	(−0.088)	(−0.061)	(−0.503)	(−0.593)	(−0.004)	(−0.095)
Bm	0.045***	0.045***	0.045***	0.045***	0.046***	0.046***
	(20.257)	(20.180)	(17.863)	(17.855)	(9.960)	(10.028)
Oprisk	0.002	0.002	−0.001	−0.001	0.011	0.012
	(0.416)	(0.478)	(−0.289)	(−0.263)	(1.392)	(1.513)
Finrisk	0.071***	0.071***	0.063***	0.063***	0.080***	0.080***
	(16.292)	(16.210)	(11.749)	(11.773)	(9.788)	(9.699)
Turnover	−0.001***	−0.001***	−0.000	−0.000	−0.001***	−0.001***
	(−3.094)	(−3.163)	(−0.958)	(−0.952)	(−3.740)	(−3.782)
Roa	−0.129***	−0.129***	−0.126***	−0.126***	−0.113***	−0.113***
	(−19.746)	(−19.783)	(−14.399)	(−14.432)	(−10.578)	(−10.605)
Assturn	−0.001	−0.001	0.001	0.002	−0.006*	−0.006*
	(−0.841)	(−0.829)	(0.781)	(0.838)	(−1.773)	(−1.912)
Incomegrow	−0.004***	−0.004***	−0.001	−0.001	−0.006***	−0.006***
	(−5.024)	(−5.066)	(−0.621)	(−0.717)	(−4.266)	(−4.290)
Rdiv	0.002	0.002	0.002	0.002	0.003	0.003
	(1.234)	(1.237)	(1.119)	(1.129)	(1.063)	(1.045)
Hfd	−0.016*	−0.027***	−0.003	−0.017**	−0.042**	−0.062***
	(−1.829)	(−3.827)	(−0.315)	(−2.045)	(−2.426)	(−4.322)
Constant	0.019	0.015	0.038	0.036	−0.001	−0.002
	(0.773)	(0.620)	(1.205)	(1.145)	(−0.015)	(−0.054)
Year	控制	控制	控制	控制	控制	控制
Industry	控制	控制	控制	控制	控制	控制
调整后 R^2	0.289	0.290	0.331	0.331	0.194	0.194
F统计量	127.8	127.9	101.8	101.6	32.36	32.37
Wald检验1	118.879	119.398	90.610	91.053	36.465	36.284
Wald检验2	2.850	2.962	2.567	2.635	1.192	1.173

注：表中括号内的数字是回归系数的双尾T检验的T值；回归系数上标***、**、*分别表示对应回归系数通过1%、5%、10%的显著性水平检验；Wald检验1是年份虚拟变量联合显著性Wald检验的F统计量，Wald检验2是行业虚拟变量联合显著性Wald检验的F统计量；所有解释变量和控制变量的方差膨胀因子（Vif）都显著小于10。

在模型（3）和模型（5）中，终极所有权（Own）系数分别在10%和5%水平上显著为负。这表明，相比国有公司，非国有公司终极所有权和权益资本成本之间的负相关关系更为显著，验证了假设2。这一实证结果说明，在国有公司中，国有股份的经济利益往往会让位于政府官员的政治和社会利益，为更好地服务于政府的经济社会发展战略，政府官员可能会牺牲国有股份的经济利益而要求公司承担过多的政治任务和社会责任，导致更高终极所有权具有的减缓公司代理冲突作用受到削弱，进而弱化国有公司终极所有权和公司权益资本成本之间的负相关关系。

在模型（2）和模型（6）中，两权分离度（Separ）系数分别在1%和5%水平上显著为正，表明两权分离度越高，权益资本成本越大，验证了假设3。这一实证结果说明，终极所有权和控制权的分离导致终极控制股东在公司拥有的资源控制权大于其在公司中的责任和利益（即权责利不匹配），从而当终极股东侵占公司价值和其他中小股东利益时，其侵占利益大于其侵占成本，因此，两权分离会强化终极控制股东的侵占动机，两权分离度越大，终极控制股东的侵占收益越大，就越有可能发侵占行为，从而会加剧终极控制股东和中小股东的代理冲突，推高投资者的投资风险，进而提高公司的权益资本成本。

在模型（4）中，两权分离度（Separ）系数为正数但并不显著，但在模型（6）中，两权分离度（Separ）系数在5%水平上显著为正。这表明，相比国有企业，非国有企业两权分离度与权益资本成本之间的正相关关系更为显著，验证了假设4。这一实证结果说明，国有公司产权缺失导致控制权和剩余索取权分离，拥有控制权的政府官员不能获得公司的剩余收益。因此，在国有公司中，即便存在更大的两权分离度，政府官员也不会因此代表政府增加对中小股东的利益侵占，这种由更高两权分离度引发的利益侵占行为激励不足，从而导致其两权分离度对投资风险的影响更小，进而弱化国有公司两权分离度与权益资本成本之间的正相关关系。

2）终极所有权性质与权益资本成本的回归结果

表4-10是终极所有权性质与权益资本成本的多元回归结果，其中模型（1）和模型（2）是全样本回归，模型（3）是国有企业子样本回归，模型（4）是非国有企业子样本回归。另外，模型（1）至模型（4）分别是以非国有企业、民营企业、地方企业和民营企业作为基准组进行的回归分析。通过 Breusch-Pagan 检验（Breusch 和 Pagan，1980）、Hausman 检验和 Sargan-Hansen 过度识别检验发现，模型（1）至模型（4）都不适合使用混合效应和随机效应模型，因此本书采用了个体固定效应模型。总体来看，模型（1）至模型（4）中，调整后 R^2 介于 0.219 至 0.370 之间，表明模型（1）至模型（4）中的解释变量和控制变量能够解释权益资本成本21.9%至37%的变异；F统计量在1%水平上全部高度显著，表明模型系数整体显著；Wald检验1和Wald检验2中的F统计量（模型（4）中Wald检验2除外）都在1%水平上高度显著，表明年份和行业对权益资本成本有着显著的影响；模型中的控制变量系数符号与已有文献的研究发现基本一致，基本符合理论预期。此外，本章还对模型（1）至模型（4）进行了多重共线性检测，发现所有解释变量和控制变量的方差膨胀因子（Vif）都显著小于10，可以判定不存在多重共线性。

在表4-10的模型（1）中，国有企业虚拟变量（State）系数为负数，但没有通过显著水平检验（T值为-0.951），表明终极所有权性质只划分为国有和非国有两类，难以清晰区分不同终极所有权性质下权益资本成本的显著差异，难以刻画中国复杂的所有权成分特性，从而导致实证结果不显著。

表4-10　　终极所有权性质与权益资本成本的多元回归结果

变量	全样本		国有企业样本	非国有企业样本
	(1)	(2)	(3)	(4)
State	−0.002			
	(−0.951)			
Central		−0.007**	−0.005*	
		(−2.157)	(−1.798)	

79

续表

变量	全样本		国有企业样本	非国有企业样本
	(1)	(2)	(3)	(4)
Local		−0.003		
		(−1.417)		
Institution		0.007	−0.006	
		(1.302)	(−0.976)	
Foreign		−0.012***		−0.010*
		(−3.087)		(−1.933)
Beta	0.004**	0.004**	−0.000	0.009**
	(2.125)	(2.116)	(−0.020)	(2.290)
Lnassets	−0.001	−0.001	−0.001	−0.001
	(−1.109)	(−1.126)	(−0.950)	(−0.434)
Bm	0.043***	0.043***	0.041***	0.048***
	(19.800)	(19.740)	(16.990)	(9.794)
Oprisk	0.003	0.002	−0.005	0.011
	(0.697)	(0.555)	(−1.109)	(1.416)
Finrisk	0.058***	0.058***	0.046***	0.071***
	(13.647)	(13.606)	(8.840)	(8.614)
Turnover	−0.001***	−0.001***	−0.000	−0.001***
	(−3.305)	(−3.283)	(−0.526)	(−4.087)
Roa	−0.192***	−0.193***	−0.199***	−0.167***
	(−24.592)	(−24.609)	(−18.108)	(−13.402)
Assturn	−0.001	−0.001	0.005***	−0.005
	(0.561)	(0.673)	(2.841)	(−1.586)
Incomegrow	−0.003***	−0.003***	−0.001	−0.004***
	(−3.843)	(−3.882)	(−0.644)	(−2.965)
Rdiv	0.003*	0.003*	0.003**	0.003
	(1.746)	(1.775)	(2.065)	(0.980)
Hfd	−0.020***	−0.020***	−0.012	−0.045***

变量	全样本		国有企业样本	非国有企业样本
	(1)	(2)	(3)	(4)
Constant	(−3.080)	(−2.994)	(−1.537)	(−3.179)
	0.002	0.003	0.006	−0.023
	(0.088)	(0.123)	(0.212)	(−0.512)
Year	控制	控制	控制	控制
Industry	控制	控制	控制	控制
调整后 R^2	0.321	0.322	0.370	0.219
F统计量	143.4	134.2	114.0	35.28
Wald检验1	128.968	129.159	103.069	35.810
Wald检验2	2.698	2.720	2.972	0.943

注：表中括号内数字是回归系数的双尾 T 检验的 T 值；回归系数上标***、**、* 分别表示对应回归系数通过 1%、5%、10%的显著性水平检验；Wald 检验 1 是年份虚拟变量联合显著性 Wald 检验的 F 统计量，Wald 检验 2 是行业虚拟变量联合显著性 Wald 检验的 F 统计量；所有解释变量和控制变量的方差膨胀因子（Vif）都显著小于 10。

在模型（2）中，中央企业虚拟变量（Central）系数在 5%水平上显著为负，表明中央企业比民营企业有着显著低的权益资本成本。在模型（3）中，中央企业虚拟变量（Central）系数在 10%水平上显著为负，表明中央企业比地方企业有着显著更低的权益资本成本，因此，这两个模型共同验证了假设6。这一实证结果说明：（1）中央企业比民营企业能够获得政府更多的政策优待以及政府的隐性风险担保。同时，因为中央政府的放权避免了如地方企业需承担的过多社会责任和政治成本，从而降低了投资风险和权益资本成本。（2）由于中央政府为维护自身形象，更偏好推行"政企分开"等经济体制改革政策，中央政府会给予中央企业更多的自主权，与地方企业相比，中央企业所承担的社会责任和政治成本会更低，同时中央企业所涉及的行业大多是关系国计民生的重点行业，更会受到媒体和百姓的关注，从而会约束政府和高管对公司价值和中小股东的利益侵占。因此，中央企业比地方企业有着更低的代理冲突和投资风险，从而降低了公司的权益资本成本。

在模型（2）中，地方企业虚拟变量（Local）系数为负，但没有通过显著水平检验（T值为−1.417），表明地方企业与民营企业相比其权益资本成本并没有系统性差异，这与假设5并不相符。这很可能是因为假设低估了地方政府对地方企业的政策扶持力度，地方企业不但受到来自于地方政府显性的财政补贴、税收优惠和市场准入资格等全方位的支持，也同样可能因为其国有性质受到来自于其他大型国有企事业单位的隐性"偏爱"，比如国有银行在面临同等条件时一般更愿意贷款给国有企业而不是民营企业；同时也可能低估了地方政府隐性风险担保给企业带来的隐性收益，由于长期以来受计划经济观念的影响，人们容易相信地方企业因为受政府支持而更不易破产，投资风险会更小，导致其隐性收益增大。因此，地方企业相比民营企业，尽管承担了更多社会责任和政治成本，但同样也获得了政府更多的政策优待，使地方企业对权益资本成本的影响相比民营企业差别并不显著。

在模型（2）中，事业单位企业虚拟变量（Institution）系数为正，但没有通过显著水平检验（T值为1.302），表明事业单位企业相比民营企业其权益资本成本并没有系统性差别，这与假设7并不相符，很可能是因为假设低估了事业单位对事业单位企业人才和技术的支持力度，因为在当今的信息时代，人才和技术是企业的核心竞争力，其无形价值难以估量，同时，也可能是低估了事业单位良好的品牌声誉给事业单位企业带来的隐性收益，因为像知名高校和科研院所创办的公司很容易获得人们的认可，这些公司的发展前景因为背后有着高校和科研院所雄厚的人才和技术支持而普遍被人们看好。因此，相比民营企业，尽管事业单位企业存在更为严重的产权不明晰和公司治理结构不合理等问题，但是也享受到了事业单位包括人才、技术和品牌声誉等的强力支持，从而导致事业单位企业与民营企业相比其公司价值和投资风险并不存在显著优势或劣势，进而不会造成它们在权益资本成本方面的系统性差异。

在模型（2）和模型（4）中，外资企业虚拟变量（Foreign）系数分别在1%和10%水平上显著为负，表明无论是全样本回归还是非国有企业子样本回归，外资企业相比民营企业都有着显著更低的权益资本成本，验证了假设8。这一实证成果表明，相比民营企业，外资企业通常有着更完善的公司治理结构和受到来自于国内外更严格的双重监管，从而有助于提升公司价值和保护中小股东的利益，进而降低投资者的投资风险及必要报酬率，导致公司权益资本成本的降低。

4.5 稳健性检验

4.5.1 终极所有权、两权分离度与权益资本成本的稳健性检验

1）权益资本成本度量模型的调整

借鉴 Chava 和 Purnanandam（2010）、肖珉和沈艺峰（2008）等的做法，使用 GLS 模型（Gebhardt et al.，2001）来度量权益资本成本，以测试权益资本成本度量模型的调整是否会改变终极所有权、两权分离度与权益资本成本的关系。具体稳健性检验结果见表4-11。表4-11中的终极所有权（Own）系数和两权分离度（Separ）系数符号和显著性水平与表4-10中的实证结果基本一致，表明前文实证结果是稳健的。

表4-11　　　关于权益资本成本度量模型调整的稳健性检验

变量	全样本		国有企业样本		非国有企业样本	
	(1)	(2)	(3)	(4)	(5)	(6)
Own	−0.006**		−0.006*		−0.009**	
	(−2.278)		(−1.733)		(−2.046)	
Separ		0.0004***		0.0005		0.0003*
		(2.619)		(1.045)		(1.657)
Beta	0.002***	0.002***	0.001	0.001	0.004***	0.004***
	(2.771)	(2.797)	(0.632)	(0.664)	(3.021)	(3.004)
Lnassets	0.004***	0.004***	0.006***	0.005***	0.002**	0.002**
	(10.089)	(10.031)	(9.661)	(9.564)	(2.311)	(2.208)
Bm	0.052***	0.052***	0.052***	0.052***	0.055***	0.055***
	(61.413)	(61.338)	(52.082)	(52.066)	(33.480)	(33.500)
Oprisk	−0.006***	−0.006***	−0.004**	−0.004**	−0.002	−0.001
	(−3.821)	(−3.776)	(−2.120)	(−2.098)	(−0.674)	(−0.595)
Finrisk	0.005***	0.005***	0.005**	0.005**	0.010***	0.010***
	(3.259)	(3.230)	(2.472)	(2.484)	(3.494)	(3.448)
Turnover	0.000***	0.000***	0.000***	0.000***	0.000***	0.000***
	(4.188)	(4.121)	(3.235)	(3.242)	(2.648)	(2.621)

变量	全样本		国有企业样本		非国有企业样本	
	(1)	(2)	(3)	(4)	(5)	(6)
Roa	0.177***	0.177***	0.227***	0.226***	0.127***	0.127***
	(47.915)	(47.888)	(45.489)	(45.446)	(22.508)	(22.500)
Assturn	0.004***	0.004***	0.004***	0.004***	0.004***	0.004***
	(7.065)	(7.086)	(6.020)	(6.074)	(3.417)	(3.289)
Incomegrow	0.001***	0.001***	0.001***	0.001***	0.001**	0.001**
	(4.108)	(4.054)	(3.775)	(3.699)	(2.537)	(2.495)
Rdiv	−0.005***	−0.005***	−0.005***	−0.005***	−0.007***	−0.007***
	(−9.055)	(−9.056)	(−6.827)	(−6.803)	(−6.804)	(−6.814)
Hfd	0.011***	0.007***	0.006	0.002	0.019***	0.013***
	(3.346)	(2.594)	(1.520)	(0.532)	(3.248)	(2.619)
Constant	−0.090***	−0.091***	−0.110***	−0.111***	−0.035**	−0.035**
	(−9.770)	(−9.903)	(−8.865)	(−8.938)	(−2.258)	(−2.259)
Year	控制	控制	控制	控制	控制	控制
Industry	控制	控制	控制	控制	控制	控制
调整后 R^2	0.633	0.633	0.656	0.656	0.599	0.599
F 统计量	433.6	433.7	324.3	324.2	126.5	126.4
Wald 检验 1	79.518	79.438	59.337	59.166	26.555	26.457
Wald 检验 2	76.366	76.273	36.802	36.734	28.207	28.054

注：表中括号内数字是回归系数的双尾 T 检验的 T 值；回归系数上标***、**、* 分别表示对应回归系数通过 1%、5%、10% 的显著性水平检验；Wald 检验 1 是年份虚拟变量联合显著性 Wald 检验的 F 统计量，Wald 检验 2 是行业虚拟变量联合显著性 Wald 检验的 F 统计量；所有解释变量和控制变量的方差膨胀因子（Vif）都显著小于 10。

2）两权分离度测度和参数估计方法的调整

解释变量测度和参数估计方法的调整有可能影响到实证结果。因此，借鉴肖作平和涂瑞（2013）的做法，两权分离度采用"（控制权－所有权）/控制权"来度量。同时，借鉴吴昊旻等（2012）、杨兴全等（2012）等的做法，使用 Driscoll-Kraay 参数估计方法（Driscoll 和 Kraay，1998）估计实证模型（该参数估计方法在面板模型存有异方差和序列相关时仍然稳健），以测试两权分离度测度和参数估计方法的调整是否会改变终极所有权、两权分离度与权益资本成本的关系。具体稳健性检验结果如表 4-12

所示。在表4-12中，终极所有权（Own）系数和两权分离度（Separ）系数符号和显著性水平与表4-9中的实证结果基本一致，进一步说明前文实证结果是稳健的。

表4-12　关于两权分离度测度和参数估计方法调整的稳健性检验

变量	全样本		国有企业样本		非国有企业样本	
	(1)	(2)	(3)	(4)	(5)	(6)
Own	−0.023***		−0.025*		−0.044**	
	(−3.386)		(−1.781)		(−2.524)	
Separ		0.010***		0.006		0.022***
		(6.140)		(1.187)		(3.082)
Beta	0.009**	0.009**	0.004	0.004	0.011***	0.011***
	(1.983)	(1.998)	(0.868)	(0.918)	(3.012)	(2.999)
Lnassets	−0.002	−0.002	−0.004*	−0.004*	−0.000	−0.001
	(−0.937)	(−1.008)	(−1.689)	(−1.830)	(−0.184)	(−0.392)
Bm	0.047***	0.047***	0.049***	0.049***	0.045***	0.045***
	(9.103)	(9.053)	(17.591)	(17.395)	(4.176)	(4.261)
Oprisk	0.002	0.002	−0.001	−0.000	0.007	0.008
	(0.318)	(0.383)	(−0.158)	(−0.090)	(0.682)	(0.797)
Finrisk	0.082***	0.082***	0.081***	0.082***	0.074***	0.072***
	(7.022)	(6.974)	(8.744)	(8.592)	(5.506)	(5.525)
Turnover	−0.001***	−0.001***	−0.000	−0.000	−0.001***	−0.001***
	(−5.360)	(−5.412)	(−0.905)	(−0.901)	(−5.048)	(−4.979)
Roa	−0.081**	−0.081**	−0.054	−0.054	−0.113*	−0.114**
	(−2.023)	(−2.036)	(−1.727)	(−1.749)	(−1.975)	(−1.971)
Assturn	−0.003**	−0.003**	−0.001	−0.001	−0.005***	−0.006***
	(−2.525)	(−2.551)	(−0.762)	(−0.673)	(−3.673)	(−3.952)
Incomegrow	−0.005***	−0.005***	−0.002	−0.003	−0.006***	−0.006***
	(−2.645)	(−2.699)	(−1.635)	(−1.747)	(−3.323)	(−3.288)
Rdiv	0.003	0.003	0.003**	0.003**	0.003	0.003
	(1.417)	(1.401)	(2.386)	(2.371)	(0.820)	(0.788)
Hfd	−0.007	−0.025***	0.006	−0.015**	−0.029**	−0.055***
	(−1.250)	(−3.346)	(0.756)	(−2.028)	(−2.047)	(−7.557)
Constant	0.060	0.057	0.102**	0.100**	0.014	0.012
	(1.424)	(1.367)	(2.070)	(2.057)	(0.293)	(0.249)
Year	控制	控制	控制	控制	控制	控制
Industry	控制	控制	控制	控制	控制	控制
组内 R²	0.372	0.372	0.404	0.403	0.352	0.353
F统计量	1 054	235.6	248.0	163.2	52.81	223.8
Wald检验1	212 928	183 979	210 6392	8 187 565	29 853	45 776
Wald检验2	27.148	27.378	38.187	41.972	21.157	19.123

注：表中括号内数字是回归系数的双尾T检验的T值；回归系数上标***、**、*分别表示对应回归系数通过1%、5%、10%的显著性水平检验；Wald检验1是年份虚拟变量联合显著性Wald检验的F统计量，Wald检验2是行业虚拟变量联合显著性Wald检验的F统计量；所有解释变量和控制变量的方差膨胀因子（Vif）都显著小于10。

4.5.2　终极所有权性质与权益资本成本的稳健性检验

1）权益资本成本度量模型的调整

与前文相同，使用GLS模型（Gebhardt et al.，2001）来度量权益资本成本，以测试权益资本成本度量模型的调整是否会改变终极所有权性质与权益资本成本的关系。具体稳健性检验结果见表4-13。在表4-13中，国有企业虚拟变量（State）、中央企业虚拟变量（Central）、地方企业虚拟变量（Local）、事业单位企业虚拟变量（Institution）、民营企业虚拟变量（Private）和外资企业虚拟变量（Foreign），其系数符号和显著性水平与表4-10中的实证结果基本一致，表明前文实证结果是稳健的。

表4-13　　关于权益资本成本度量模型调整的稳健性检验

变量	全样本		国有企业样本	非国有企业样本
	(1)	(2)	(3)	(4)
State	−0.000			
	(−0.038)			
Central		−0.002**	−0.004***	
		(−2.007)	(−3.373)	
Local		−0.000		
		(−0.233)		
Institution		0.003	−0.003	
		(1.269)	(−1.400)	
Foreign		−0.004***		−0.006***
		(−2.772)		(−3.206)
Beta	0.002***	0.002***	0.001	0.003**
	(2.797)	(2.805)	(1.035)	(2.486)
Lnassets	0.003***	0.003***	0.004***	0.001
	(7.830)	(7.806)	(7.545)	(0.950)
Bm	0.051***	0.051***	0.051***	0.055***
	(59.361)	(59.267)	(50.701)	(32.441)
Oprisk	−0.007***	−0.006***	−0.004*	−0.003
	(−4.217)	(−4.067)	(−1.937)	(−1.223)

变量	全样本		国有企业样本	非国有企业样本
	(1)	(2)	(3)	(4)
Finrisk	0.008***	0.008***	0.008***	0.011***
	(4.491)	(4.475)	(3.841)	(3.785)
Turnover	0.000***	0.000***	0.000***	0.000**
	(3.402)	(3.388)	(2.733)	(2.480)
Roa	0.173***	0.173***	0.226***	0.127***
	(45.582)	(45.662)	(44.017)	(21.742)
Assturn	0.004***	0.004***	0.004***	0.002**
	(6.048)	(6.169)	(5.613)	(2.062)
Incomegrow	0.001***	0.001***	0.001***	0.001**
	(3.842)	(3.797)	(3.179)	(2.353)
Rdiv	−0.005***	−0.005***	−0.004***	−0.006***
	(−7.793)	(−7.783)	(−6.317)	(−5.196)
Hfd	0.006**	0.006**	0.000	0.012**
	(2.143)	(2.193)	(0.021)	(2.506)
Constant	−0.072***	−0.071***	−0.086***	−0.014
	(−7.610)	(−7.546)	(−6.890)	(−0.881)
Year	控制	控制	控制	控制
Industry	控制	控制	控制	控制
调整后R^2	0.613	0.613	0.643	0.574
F统计量	403.8	377.2	302.3	116.0
Wald检验1	78.305	78.855	60.883	24.674
Wald检验2	71.582	71.331	36.059	25.845

注：表中括号内数字是回归系数的双尾T检验的T值；回归系数上标***、**、*分别表示对应回归系数通过1%、5%、10%的显著性水平检验；Wald检验1是年份虚拟变量联合显著性Wald检验的F统计量，Wald检验2是行业虚拟变量联合显著性Wald检验的F统计量；所有解释变量和控制变量的方差膨胀因子（Vif）都显著小于10。

2）参数估计方法的调整

与前文相同，使用Driscoll-Kraay参数估计方法（Driscoll和Kraay，1998）估计实证模型（该参数估计方法在面板模型存有异方差和序列相关时仍然稳健），以测试参数估计方法的调整是否会改变终极所有权性质与权益资本成本的关系。具体稳健性检验结果见表4-14。在表4-14中，国有企业虚拟变量（State）、中央企业虚拟变量（Central）、地方企业虚拟变量（Local）、事业单位企业虚拟变量（Institution）、民营企业虚拟变量（Private）和外资企业虚拟变量（Foreign），其系数符号和显著性水平与表4-10中的实证结果基本一致，进一步说明前文实证结果是稳健的。

表4-14　　　　　关于参数估计方法调整的稳健性检验

变量	全样本		国有企业样本	非国有企业样本
	(1)	(2)	(3)	(4)
State	−0.002			
	(−1.221)			
Central		−0.007**	−0.005***	
		(−2.175)	(−3.661)	
Local		−0.003**		
		(−2.428)		
Institution		0.007	−0.006*	
		(1.470)	(−1.918)	
Foreign		−0.012***		−0.010***
		(−5.391)		(−3.955)
Beta	0.004	0.004	−0.000	0.009**
	(1.400)	(1.415)	(−0.016)	(2.332)
Lnassets	0.001	0.001	0.001	0.001
	(0.780)	(0.790)	(0.926)	(0.376)
Bm	0.043***	0.043***	0.041***	0.048***
	(10.580)	(10.380)	(15.712)	(4.665)
Oprisk	−0.003	−0.002	−0.005	0.011
	(−0.402)	(−0.318)	(−1.367)	(1.046)
Finrisk	0.058***	0.058***	0.046***	0.071***
	(6.189)	(6.245)	(4.248)	(5.466)
Turnover	−0.001***	−0.001***	−0.000	−0.001***
	(−7.510)	(−7.794)	(−0.479)	(−3.521)
Roa	−0.192***	−0.193***	−0.199***	−0.167***

变量	全样本		国有企业样本	非国有企业样本
	(1)	(2)	(3)	(4)
	(−3.504)	(−3.519)	(−3.379)	(−3.128)
Assturn	0.001	0.001	0.005***	−0.005***
	(0.928)	(1.133)	(5.043)	(−2.960)
Incomegrow	−0.003***	−0.003***	−0.001	−0.004***
	(−3.016)	(−3.058)	(−0.819)	(−2.932)
Rdiv	0.003	0.003	0.003***	0.003
	(1.396)	(1.408)	(2.705)	(0.850)
Hfd	−0.020***	−0.020***	−0.012**	−0.045***
	(−3.464)	(−3.430)	(−2.337)	(−6.896)
Constant	0.002	0.003	0.006	−0.023
	(0.071)	(0.097)	(0.229)	(−0.512)
Year	控制	控制	控制	控制
Industry	控制	控制	控制	控制
组内 R^2	0.411	0.412	0.459	0.360
F统计量	837.4	923.2	126.2	229.0
Wald检验1	65 917	10 927	18 073	1 146 883
Wald检验2	21.527	26.010	25.307	3.387

注：表中括号内数字是回归系数的双尾T检验的T值；回归系数上标***、**、*分别表示对应回归系数通过1%、5%、10%的显著性水平检验；Wald检验1是年份虚拟变量联合显著性Wald检验的F统计量，Wald检验2是行业虚拟变量联合显著性Wald检验的F统计量；所有解释变量和控制变量的方差膨胀因子（Vif）都显著小于10。

4.5.3 其他稳健性检验

为进一步验证实证结果的稳健性，本章还做了如下的稳健性检验：（1）前文实证结果使用COE_PEG、COE_MPEG和COE_OJ三者平均数来度量权益资本成本，稳健性检验分别单独使用三个变量来度量权益资本成本，最后的稳健性检验结果与前文实证结果基本一致。（2）借鉴其他文献（王春飞等，2013；肖作平，2012），使用年末所有者权益市场价值的自然对数代替公司规模变量（年末总资产的自然对数Lnassets），使用年总

89

资产增长率代替成长性变量（年营业收入增长率Incomegrow），最后的稳健性检验结果与前文实证结果基本一致。（3）前文样本界定的终极控制股东有效控制权比率为10%，本书借鉴La Porta et al.（1999）的经典研究文献把有效控制权比率界定为20%，以此筛选终极控制股东样本进行稳健性检验，最后的稳健性检验结果与前文实证结果基本一致。以上稳健性检验结果，限于篇幅，并未在正文中加以报告。

4.6 —————— 本章小结 ——————

本章采用2004—2013年沪深上市A股公司为研究样本，以终极控制股东和中小股东的代理冲突为切入点，理论分析和实证检验了终极所有权和两权分离度对权益资本成本的影响，以及这些影响在不同终极所有权性质下是否存在显著差异。同时，本章系统研究了终极所有权性质（即终极控制股东类型）对权益资本成本的影响。通过以上理论分析和实证检验发现：

首先，在终极所有权对权益资本成本的影响方面：（1）终极所有权提高会降低公司权益资本成本，表明终极所有权增加能够降低公司的代理成本、缓解终极控制股东和中小股东的代理冲突，激励终极控制股东对公司进行有效治理，加强对公司经理层的监督，提升信息披露质量，缓解中小股东的信息不对称，进而提升公司价值，投资者为此会降低其投资风险预期，进而降低公司的权益资本成本。（2）相对于国有公司，非国有公司终极所有权和权益资本成本之间的负相关关系更为显著，表明国有公司中政府官员可能会牺牲国有股份的经济利益而要求上市公司承担过多的政治任务和社会责任，导致更高终极所有权具有的激励公司治理、减缓公司代理冲突作用在国有公司中受到削弱，进而弱化国有公司终极所有权和公司权益资本成本之间的负相关关系。

其次，在两权分离度与权益资本成本关系方面：（1）两权分离度与权益资本成本存在正相关关系，表明两权分离度越大，终极控制股东越有动机和能力通过"壕沟"侵占中小股东的利益，会加剧终极控制股东的掠夺行为，从而增加公司的代理冲突和投资风险，进而推高公司的权益资本成本。（2）相比国有公司，非国有公司两权分离度与权益资本成本的正相关关系更为显著，表明国有公司控制权和剩余索取权相分离的情况下，拥有控制权的政府官员没有合法的剩余索取权，因此，当存在更高的两权分离度时，政府官员代表政府去侵占外部中小股东经济利益的激励不足，导致国有公司的投资风险相对更低，进而会弱化国有公司两权分离度与权益资本成本的正相关关系。

最后，在终极所有权性质（即终极控制人类型）与权益资本成本关系方面：（1）中央企业比地方企业和民营企业有着显著更低的权益资本成本。这表明，相比地方企业，中央企业的经营管理受政府直接干预的程度更低，进而导致所承担的社会责任和政治成本更低，而相比民营企业，中央企业能够享受到政府更多的政策优待和隐性风险担保，因此，中央企业具有相对更低的权益资本成本。（2）地方企业与民营企业相比，权益资本成本并没有系统性差异，表明地方企业一方面因政府过多干预而比民营企业承担更多的社会责任和政治成本，另一方面也能够享有各种政府优待和隐性的政府风险担保，进而使得两类企业的投资风险和权益资本成本并无系统性差异。（3）事业单位企业与民营企业相比，权益资本成本并没有系统性差异，表明事业单位企业一方面比民营企业具有普遍更为严重的产权不明晰、公司治理结构不合理等问题，另一方面又能够获得来自于事业单位人财物的大力支持（尤其是高新人才和高新科技），以及事业单位品牌声誉的隐性支持，进而导致两类企业的投资风险和权益资本成本并没有系统性差异。（4）外资企业比民营企业有着显著更低的权益资本成本，表明外资企业比民营企业具有更加完善的公司治理机制，同时面临国内和国外更严格的双重监管，进而导致外资企业有着相对更低的权益资本成本。（5）以上结论表明，在五类企业中，中央企业和外资企业具有显著更低的权益资本成本，而地方企业、事业单位企业和民营企业的权益资本成本更高。

第 5 章

制度环境对权益资本成本的影响

5.1 —————— 引言 ——————

近年来，La Porta等（1999，2000，2002）等系列研究促使人们更加关注制度环境对公司决策和行为的影响。这些研究表明，投资者法律保护对于理解不同国家的公司融资模式是很重要的，法律法规及其实施质量是公司治理和公司融资的必要成分。他们认为法律制度健全且很好地得到实施时，投资者愿意为公司提供资金，因为他们可以依赖法律保护去监督控制股东的掠夺行为。相反，当国家的法律法规无法有效保护投资者的合法利益时，投资者的投资会更加慎重，增加公司对外融资的难度和成本。先前的研究表明，法律制度在影响权益资本成本中扮演着重要角色（Lombardo，2000；Lombardo 和 Pagano，2002；Hail 和 Leuz，2006；Chen et al.，2009；沈艺峰等，2005）。另外，尽管投资者法律保护被证明是能成功抑制终极控制股东掠夺行为的机制，但也有些证据表明法律外的制度也同样能有效地抑制终极控制股东的掠夺行为。除投资者法律保护外，法律外制度环境质量的改善也能通过增加掠夺风险和掠夺成本有效地抑制终极控制股东的掠夺行为。Dyck 和 Zingales（2004）研究发现，法律外制度（如产品市场竞争、媒体报道和政府监管等）在抑制控制股东掠夺行为中起着重要作用，他们认为产品市场竞争会限制终极控制股东掏空公司资源，此外，媒体对终极控制股东的负面报道也会导致其声誉受损，进而抑制其掠夺行为。Haw et al.（2004）研究发现，在抑制盈余管理方面，法律外制度至少和投资者法律保护一样重要。Hu（2004）研究发现，当法律外制度健全时，终极控制股东的侵占行为受到限制，为此，隐藏侵占行为的盈余管理下降，投资者要求的财务分析师的数量减少。可见，法律及法律外制度也许都是影响权益资本成本的重要因素。制度环境通常能够通过以下两方面对权益资本成本产生影响：一是良好的制度环境质量有助于外部投资者获取公司信息，抑制终极控制股东操纵会计信息行为，减少信息不对称水平；二是良好的制度环境质量能对终极控制股东进行有效的监督，抑制终极控制股东的掠夺行为，减缓代理冲突。在中国，由于各地区的资源禀赋、地理位置以及国家政策的不同，不同地区的制度环境（如法律保护、政府行政管理、金融发展、产品市场发育、媒体报道和社会诚信等）存在很大的差异。这些制度差异可能对公司权益资本成本产生重要的影响。

93

本章通过理论和实证来研究制度环境对权益资本成本的影响。具体而言，本章研究各省份（地区）的法律保护、政府行政管理、金融发展、产品市场发育、媒体报道和社会诚信等制度因素对权益资本成本的影响，考察制度环境对权益资本成本的内在影响机理，探寻能够抑制终极控制股东掠夺的制度因素。不同于已有文献采用跨国公司样本的研究，本章基于中国制度环境存在显著区域性差异的现实背景，研究不同地区的制度环境如何影响权益资本成本。

本章后续内容的结构安排如下：第 2 节是理论分析与研究假设；第 3 节是实证方案设计；第 4 节是实证结果分析；第 5 节是稳健性检验；第 6 节是本章小结。

5.2 ———————— 理论分析与研究假设 ————————

5.2.1 法律保护与权益资本成本

伴随着"法与金融"研究的兴起，作为一种重要的外部治理机制，投资者法律保护越来越受到学者的重视。现有文献已经发现，投资者法律保护能够发挥推动资本市场发展、缓解公司内部代理冲突和改善公司治理水平以及提高公司价值等诸多正面效用。

在类似中国这样的新兴市场经济体中，经济的快速发展往往伴随着较为严重的融资约束，投资者法律保护在这方面能够发挥重要作用。La Porta et al.（2002）研究发现，更严格的投资者法律保护能够促进银行信贷和股票市场的发展，为公司提供更多投资资金，进而提高公司价值。这是因为，当投资者法律保护较差时，投资者的投资很可能因为违约或过高的履约成本而难以获取预期收益（甚至出现亏损），投资者出于自保目的而不愿意进行股票或信贷投资，从而限制了银行信贷和股票市场的发展；反之，当存在严格的投资者法律保护时，投资者的合法权益能够得到保障，投资者有着更强烈的投资意愿，进而推动股票和信贷市场发展，而它们的发展能够缓解公司的融资约束，为公司提供更多投资资金，促进公司成长、提高公司价值。Johnson et al.（2000）发现，在1997年爆发的亚洲金融危机中，投资者法律保护水平更高的国家和地区其汇率下跌和市场衰退的程度较低，法律保护增强了资本市场抗风险的能力。毛跃一和靳景玉（2008）认为，资本市场层级完善主要取决于资本市场本身的发育程度和投资者法律保护的水平。

现代公司主要的代理问题是终极控制股东和中小股东的代理冲突，终极控制股东掌握公司资源的控制权，其有可能通过关联交易、资产置换和信贷担保等方式侵占中小股东的利益。La Porta et al.（2002）研究发现，投资者法律保护更弱的地区其终极控制股东和中小股东的代理冲突更加严重，而法律保护的增强能够缓解这一代理冲突。Shleifer 和 Vishny（1997）

发现，投资者法律保护通过赋予中小股东更多法律保护来限制终极控制股东的利益侵占，缓解公司内部的代理冲突。Demirguc-Kunt 和 Maksimovic（1998）认为，更强的投资者法律保护有助于降低公司内部人的机会主义，进而降低其控制权私利。Claessens et al.（2002）研究发现，法律制度和信息披露制度等制度环境质量的改善有助于降低终极控制股东侵占中小股东利益的壕沟效应，提升公司价值。Nenova（2003）研究认为，更强的投资者法律保护能够降低控制权私有收益。Lins（2003）研究认为，更弱的法律保护会强化两权分离度与公司价值的负相关关系。Hughes（2005）研究发现，更高的两权分离度会降低公司价值，但提高法律保护水平会抑制终极控制股东对公司价值的掏空行为。

在新兴市场国家，信息披露的法律规范尚不健全，与西方发达国家相比投资者存在更为严重的信息不对称问题。La Porta et al.（2002）研究发现，良好的投资者法律保护在促进资本市场发展的同时还能够提高公司信息披露水平。Ferguson et al.（2002）研究发现，更严格的投资者法律保护能够提高信息披露水平，中国上市公司在 H 股市场所披露的信息要多于在 A 股市场，因为香港有着更严格的投资者法律保护，其对上市公司信息披露的要求更高。Leuz et al.（2003）研究表明，在新兴市场中控制股东通常能够操控财务报告信息而免于处罚，当投资者法律保护增强时，能够降低控制股东的会计舞弊行为，降低公司的盈余管理，进而有效缓解投资者的信息不对称。Haw et al.（2004）同样发现，投资者法律保护有助于抑制控股股东的盈余管理行为。Lang et al.（2006）比较美国公司和其他国家公司后发现，更强的投资者保护（如美国）有助于降低公司盈余管理，相反，更弱的投资者保护会导致盈余管理的增加。

总体而言，良好的投资者法律保护能够促进银行信贷和股票市场的发展，为公司提供更多资金，缓解公司的融资约束，推动公司的发展，从而降低投资者的投资风险和公司的权益资本成本。从终极控制股东和中小股东的代理问题来看，良好的投资者法律保护能够赋予中小股东更多的股权保护，更好地保护股东的知情权和收益权。同时，良好法律体系中更加规范的信息披露机制还能够提升公司的信息披露水平，缓解中小股东相比终极控制股东的信息不对称。更严格的股权保护和更透明的信息质量降低了终极控制股东的掠夺能力，终极控制股东对中小股东进行利益侵占时会面临更多被揭露和被起诉的可能性，由此须承担更高的法律风险和掠夺成本，从而导致对中小股东的掠夺行为受到抑制。因此，投资者法律保护能够缓解终极控制股东和中小股东的代理冲突，减少中小股东利益被侵占的可能性，从而降低投资者的投资风险和公司的权益资本成本。

基于以上分析，提出假设1。

假设1：法律保护水平提高会降低公司权益资本成本。

5.2.2 政府行政管理与权益资本成本

政府行政管理水平的评价内容主要包括：政府公正、政府效率、政府干预和政府廉洁（王小鲁等，2013），政府干预是其中最为重要的评价内容。新兴市场经济体普遍存在较为严重的政府干预，政府通常会利用其所掌握的政治权力去追逐其政治目标（Shleifer，1998）。以中国为例，在计划经济时代，政府采用各种行政指令全面干预经济活动，排斥市场对资源的配置。改革开放后，中国对原有束缚经济发展的体制进行了一系列改革，这其中就包括1994年的分税制改革，改革把更多的财权和事权下放到地方政府。在地方政府自主性增强的情况下，中国官员晋升机制——"晋升锦标赛机制"以及考核的信息不对称导致地方官员更多地追逐经济的短期效应（周黎安，2007）。为了能够在更短时间内实现更大幅度的GDP增长，凸显治理地方的政绩，政府官员有着干预经济的强烈动机，也包括对企业的直接干预。政府对企业的直接干预会带来相应的干预成本，包括政治成本、代理成本和腐败成本。

政府为获得更好的政绩而干预企业资源配置，会扭曲资源配置效率，带来效率损失，产生政治成本。一是政府会给予有政治关联的企业更多的政策优惠，以扶持这些企业的发展。Johnson 和 Mitton（2003）、Khwaja 和 Mian（2005）、Leuz 和 Oberholzer-Gee（2006）研究发现，有政治关系的企业更容易获得政府补贴和银行贷款。Goldman et al.（2009）研究认为，政府可能通过政府合同、税率和规范性条款等影响有政治关联的企业。二是政府会要求特定企业（主要是国有企业）按政府要求承担相应的社会责任，给这些企业带来额外的政策负担。Shleifer（1998）研究认为，政府官员除了要求国有企业承担社会负担外，还会追求自身政治目标，要求其管辖企业输送利益给政治支持者。Lin et al.（1998）研究发现，转轨经济的国有企业承担了过多的政策性负担，比如就业、社会稳定和经济发展战略等。Fan et al.（2007）研究发现，政府干预会影响公司业绩，公司 CEO 现在或过去在政府部门任职，公司 IPO 后的三年内股票收益和公司业绩要低于 CEO 没有政府任职经历的公司。曾庆生和陈信元（2006）发现，国有控股企业相比非国有控股企业需要承担更多的政策负担，比如国有控股公司会雇用更多劳动力，增加了劳动成本。陈信元和黄俊（2007）研究发现，在政府干预越严重的地区，国有控股公司越可能实行多元化经营，基于政治目标的多元化经营会损害公司价值。三是政府基于推动经济发展战略的需要而干预企业投资，容易导致过度投资的出现。程仲鸣等（2008）、唐雪松等（2010）发现，地方国有控股公司存在因为政府干预而导致过度投资的现象，政府干预越强，过度投资的现象越严重。吕峻（2012）的研究表明，政府可能为了就业和财政收入等政治目标强行要求企业进行非效率投资，证明了政府作为"掠夺之手"的存在。总之，政府无论是依据政治关联来给予企业政策优惠，还是要求国有企业承担政策负担或进行过度投资，都是排斥市场配置资源的行为，都会导致资源配置效率的损失。从国家或地区层面来看，政府对企业的直接干预会影响该区域企业的整体效益，影响它们的发展，导致公司价值的下降。

　　政府对国有企业的低效监管会产生代理成本。政府官员作为国有股的代理人，对国有企业进行监管，但无法获得监管收益，却要承担一定监管成本，这时控制权和剩余索取权相分离，从而弱化了政府官员的监管动机，导致对国有企业的监管不力，产生代理成本。另外，政府为防止国有企业破产进行的经济援助，容易导致企业形成不良的理性预期，使国有企业的预算约束软化，进而可能产生企业的低效投资，形成代理成本。田利辉（2005）研究发现，在企业出现软预算时，即便投资项目的边际收益为负，该项目仍然有可能继续。

　　政府对企业的干预还容易导致腐败行为，企业为了能从掌控资源的政府官员手中获得更多的政策优待，会贿赂这些官员，从而产生腐败成本。Klitgaard（1988）认为，腐败会扭曲企业的激励机制及资源配置机制，损害企业的经济效益。Shleifer 和 Vishny（1993）研究认为，政府干预的一个重要动机是政府官员为自身谋求私利，导致腐败行为，它所产生的成本要高于税收给企业投资和经济增长带来的成本。Svensson（2005）研究发现，在新兴市场经济体或转型经济中容易出现更为严重的腐败行为。

以上分析表明，政府对公司的直接干预会给公司带来政治成本、代理成本和腐败成本，从而给公司造成沉重的压力，降低公司价值。因此，政府减少对公司的不必要干预，能够降低非生产性的政府干预成本，提升公司价值，进而能够降低投资者预期的投资风险，导致公司权益资本成本的下降。

除了减少对企业不必要的干预外，对于企业的发展来说，政府的高效、廉洁和公正同样重要。政府的高效率能够极大简化政府对企业的审批手续，降低企业的时间成本，提高企业生产经营效率。同样，政府的廉洁和公正能够更好地维护市场秩序，保障市场竞争的公平与公正，减少企业的寻租成本。Claessens 和 Laeven（2003）、Beck et al.（2005）的研究表明，政府的廉洁和公正有助于民营企业获得外部资金以及扩大投资。总的来说，政府的廉洁、高效和公正能够降低公司非生产性的寻租成本，提升公司绩效，从而降低投资者的投资风险和公司权益资本成本。

从终极控制股东和中小股东的代理问题来看，政府干预能够给予国有上市公司或其他有政治关联的上市公司更多的银行贷款，贷款数量更多取决于政府对银行信贷的影响力而不是公司特征因素（余明桂和潘红波，2008；Chaney et al.，2011）。当终极控制股东占用上市公司的信贷资金，从而侵占到其他中小股东和银行债权方利益时，贷款金额和利率因政府干预并不会受太大影响，进而会激励终极控制股东对公司价值和中小股东的利益侵占（潘红波和余明桂，2010）。另一方面，Chaney et al.（2011）研究发现，有政治关联的上市公司与没有政治关联的上市公司相比，其报告的盈余信息质量显著更低，这主要是因为政府干预的存在使得有政治关联的公司披露高质量信息的市场压力较小，能够承担披露低质量信息所带来的后果。以上分析表明，政府干预事实上为有政治关联的公司提供了一定

98

程度的政府庇护，当终极控制股东侵占中小股东利益时，其掠夺风险和掠夺成本会因此而降低；反之，减少政府不必要的干预能够降低给予政治关联公司的政府庇护，增加其终极控制股东掠夺时所发生的掠夺风险和掠夺成本。因此，减少政府不必要的干预有助于抑制终极控制股东的掠夺行为，降低投资者对公司投资风险的预期，进而导致公司权益资本成本的下降。同样，政府的高效、廉洁和公正，能够降低终极控制股东的寻租空间，更好地保护中小股东的利益，从而降低投资者的投资风险以及公司权益资本成本。

基于以上分析，提出假设 2。

假设 2：政府行政管理水平提高会降低公司权益资本成本。

5.2.3　金融发展与权益资本成本

金融发展能够缓解公司融资约束，推进融资自由化。Rajan 和 Zingales（1998）研究发现，金融发展能够有效缓解融资约束，存在较高外部融资需求的行业在金融发展水平较高的国家发展较快；相反，在金融发展水平较低的国家通常存在较严重的融资约束，并且金融发展水平提高有助于公司克服逆向选择和道德风险问题。Demirguc-Kunt 和 Maksimovic（1998）发现，更健全的金融体系有助于对公司内部人的监管，同时有利于投资者更充分收集投资信息，从而有助于公司对外的长期融资。Demirguc-Kunt 和 Maksimovic（1999）的研究表明，金融中介的相互竞争能够促进公司融资的市场化，审计实务所和证券分析机构等中介组织的发展有助于缓解资本市场中公司和债权人之间的信息不对称，使银行等金融中介能够以更低的成本鉴别公司的贷款资质，进而以更优惠的条件提供贷款。Bekaert 和 Harvey（2000）、Henry（2000）的研究表明，金融发展推进了融资的自由化。Love（2003）、Khurana et al.（2006）、Claessens 和 Laeven（2003）的研究表明，金融市场发展能够缓解公司融资约束，便于公司筹集外部资金，促进公司的发展。李斌和江伟（2006）、朱凯和陈信元（2009）发现，金融发展能够降低融资约束，能够为企业规模扩张提供更多资金。沈红波等（2010）发现，金融发展程度更高的地区有着显著更低的融资约束，此外，伴随着金融发展水平的提高，民营公司相比国有公司其融资约束得到更大程度的缓解。

金融发展有助于提高公司信息的披露水平及传播速度，促进公司治理水平的提高。金融发展会对公司信息披露提出更高的要求，资金需求方的公司如果希望从金融市场中获取更多投资资金，必须让资金供给方的投资者相信投资资金的安全性和盈利性，给投资者以投资信心，为此公司需要披露更充分的信息以说服投资者。因此，当金融发展能够提供更多资金给资金需求方的公司时，公司为获取所需资金必然会提高信息披露水平，缓解投资者相对公司内部人的信息劣势。另一方面，金融发展会进一步推动信息披露法律法规的健全和完善。投资者对于高质量信息披露的诉求会促使行政和立法机构不断完善相关的法律法规。Coffee（1999）研究发现，在19世纪末英国和美国逐步发展的金融市场推动了信息披露等投资者法律法规的立法和完善，他认为这归结于公众股东的相关利益诉求推动。Lombardo 和 Pagano（2000）的研究表明，金融市场发展使得公司信息披露更加透明、传播速度更快，从而能够强化对公司信用行为的监督，降低投资者的信息风险，进而降低投资者要求的风险溢价以及公司的交易成本。

金融发展能够培育更多成熟的机构投资者，而成熟的机构投资者对于公司信息披露和公司治理都能够起到积极作用。在信息披露方面，Piotroski 和 Roulstone（2004）的研究表明，机构投资者参与的市场交易价格能够更快反映未来盈利信息。Luong et al.（2012）研究发现，机构投资者持股能够减少股票交易中的私人信息含量。高敬忠等（2012）研究发现，机构投资持股比例与公司盈余预告的准确性和及时性是正相关的。在公司治理方面，Gillan 和 Starks（2000）的研究表明，机构投资者的持股比例会显著正影响公司治理议案的投票结果。Hartzell 和 Starks（2003）的研究表明，机构投资者持股与高管薪酬水平存在负相关关系，机构投资者对公司发挥了监管作用。Ferreira 和 Matos（2008）、Aggarwal et al.（2011）研究认为，机构投资者通常会选择公司治理水平高的公司进行投资，并会针对涉及自身利益的问题与公司管理层进行交涉，或者通过出售股票来影响管理层决策。李维安和李滨（2008）研究发现，机构投资者持股能够提高公司治理水平。

以上分析表明，金融发展能够缓解融资约束，促进融资自由化，从而能够为企业发展提供更多资金，提升其盈利能力，投资者因此会降低对公司投资风险的预期，从而降低权益资本成本。同时，金融发展还能够促进公司信息披露水平及传播速度的提升，导致权益资本成本的下降。Botosan（1997）、Gietzmann 和 Ireland（2005）研究发现，信息披露水平与公司权益资本成本是负相关关系。Ashbaugh 等（2004）、Suchard 等（2008）的研究表明，治理水平的提高能够降低权益资本成本。此外，金融发展还能培育更多成熟的机构投资者，通过成熟机构投资者的市场参与提高公司信息披露和公司治理水平，从而降低投资者对公司投资风险的预期，进而降低投资者要求的回报率，导致权益资本成本的下降。另一方面，金融发展也能够缓解终极控制股东和中小股东的代理冲突。由于金融发展能够提高公司信息披露水平及传播速度，投资者能够从金融市场中更快速地获取到更高质量的公司信息，能更有效地鉴别未来潜在的风险，对终极控制股东的利益侵占将会更加敏感，所以，当终极控制股东侵占中小股东利益时，将面临更大的被揭露和被起诉的法律风险，从而能够抑制其对中小股东的利益侵占，降低投资者的投资风险和公司权益资本成本。

基于以上分析，提出假设 3。

假设 3：金融发展水平提高会降低公司权益资本成本。

5.2.4　产品市场发育与权益资本成本

樊纲等（2011）根据中国的现实环境，提出采用两个分项指标来度量产品市场发育程度：一是价格由市场决定程度；二是减少商品市场上的地方保护。显然，产品市场发育程度提高会加剧产品市场的价格竞争和地区竞争。而现有文献发现，产品市场竞争具有公司治理作用，并主要通过两种方式来实现，即信息比较假说和破产威胁假说（刘志强和余明桂，2009）。信息比较假说认为产品市场竞争为公司的投资者提供了可供参考的来自于竞争对手的业绩标准，降低了信息不对称和监管成本（Nalebuff 和 Stiglitz，1983；Shleifer，1985）。产品市场竞争越激烈，公司投资者可以比较的对象越多，越能够缓解投资者相对于管理层的信息劣势，从而能够更好地评判公司管理层的努力程度，进而决定其恰当的薪酬水平。产品市场竞争使得管理层努力程度和经营能力的信息更加公开透明，提高了股东的监管效率，导致公司内部的代理成本下降。破产威胁假说认为产品市场竞争可能会导致公司的破产清算（Schmidt，1997）。因为破产清算的威胁会激励公司管理层努力工作来避免破产。产品市场竞争越激烈，公司面临的破产清算威胁越大，越能够激励管理层努力工作，以避免因为懈怠导致公司破产。破产威胁所产生的压力会促使管理层不断改善产品质量，提升公司业绩。大量的实证证据也证明了两种假设的存在。Hermalin（1992）的研究表明，产品市场竞争能够降低公司管理层的懈怠行为及在职消费，并增加其被撤职的概率。Jagannathan 和 Srinivasan（1999）研究发现，产品市场竞争程度加剧会降低公司持有的现金流以及无效率投资。Griffith（2001）研究发现，产品市场竞争能够提高公司的投资效率及增长率，存在更严重代理冲突的公司效果尤为明显。Baggs 和 Bettignies（2007）的研究表明，产品市场竞争导致公司对产品生产更加注重品质的提升，同时，也有助于提高员工的勤勉度，降低公司代理成本。Beiner et al.（2011）研究发现，产品市场竞争加剧有助于提升公司效率，降低过度投资和价格失真的状况。李寿喜（2007）、姜付秀等（2009）研究认为，产品市场竞争程度提高有助于公司代理成本的降低，同时还能够提升公司的代理效率。

从终极控制股东和中小股东的代理冲突来看，产品市场竞争同样发挥了积极作用，产品市场竞争能够抑制终极控制股东的利益侵占，降低中小股东相对于终极控制股东的信息不对称（Dyck 和 Zingales，2004）。产品市场竞争能够通过以下两种方式来抑制终极控制股东的掠夺行为：一是产品市场竞争能够为产品交易提供更为客观公正的价格，增大终极控制股东通过关联交易和资产置换等以非公平价格方式转移资源的难度，增加其掠夺风险和掠夺成本；二是产品市场竞争加剧使得公司时刻面临破产清算的威胁，为能在激烈竞争的市场中存活下去，终极控制股东会避免投资于控制权私利的无效率项目。从缓解信息不对称的角度看，产品市场竞争加剧可能迫使公司提高信息披露水平，因为产品市场竞争加剧会导致激烈的资源争夺，为能够在有限资源的争夺中抢得先机，公司会通过提高信息披露水平来吸引资源供给者的关注，以体现与竞争对手的差别。Birt et al. （2006）研究发现，产品市场竞争程度与信息披露水平存在正相关关系。

以上分析表明，产品市场发育程度提高会加剧产品市场竞争，而产品市场竞争会产生两种效应的出现，即信息比较假说和破产威胁假说，这两种假说表明产品市场竞争加剧会使得投资者有更充分的信息来监督公司管理层，缓解监管过程中的信息不对称，可以督促公司管理层努力工作，减少在职消费和过度投资，同时破产清算的竞争压力时刻威胁着公司管理层的地位，使他们在工作中不敢懈怠，要努力提升公司的经营效率。这些都说明产品市场竞争加剧能够降低公司的代理成本，缓解股东与管理层的委托代理冲突，提升公司的业绩水平，股东会因此降低投资风险的预期，导致公司权益资本成本下降。除此以外，产品市场竞争还能够完善市场定价机制，提高终极控制股东以非公平价格方式转移资源的难度，增加其掠夺风险和掠夺成本，同时，产品市场竞争也能够提高公司信息披露水平，降低中小股东相对终极控制股东的信息不对称，终极控制股东进行利益侵占时将面临更严重的被揭露和被起诉的法律风险，从而抑制终极控制股东对中小股东的利益侵占，缓解他们的代理冲突，进而降低对公司的投资风险，导致权益资本成本的下降。

基于以上分析，提出假设4。

假设4：产品市场发育程度提高会降低公司权益资本成本。

5.2.5 媒体报道与权益资本成本

目前中国市场经济体制的转轨仍未完成，行政管制制度、投资者法律保护体系和企业产权制度等正式的投资者保护制度还存在许多不完善的地方，而媒体报道作为正式投资者保护制度的补充机制，能够有效发挥公司治理和保护外部中小股东利益的作用（Dyck et al.，2008；Joe et al.，2009；李焰和王琳，2013）。媒体公司治理作用的发挥主要借助于声誉机制和信息传播机制。媒体作为信息传播中介，通过其信息传播机制，把加工后的信息传播给投资者，能够有效缓解其信息不对称的程度，有助于良好信息环境的形成，而媒体一旦把信息传播出去后，很可能影响到被报道对象的社会声誉或个人声誉，通过声誉监督机制促使被报道对象纠正错误，达到公司治理或社会治理的目的。在资本市场中，媒体监督会影响到投资者、公司管理者和政府监管者三类市场主体：首先，从媒体对投资者的影响看，媒体通过信息传播能够有效缓解处于信息弱势的中小投资者的信息不对称。Fang 和 Peress（2009）研究发现，媒体报道能够增加公司的信息透明度，缓解投资者的信息不对称，相比媒体关注度高的公司，媒体关注度低的公司有着更高的信息风险，投资者会要求更高的风险溢价。Bushee et al.（2010）同样认为媒体把加工处理后的信息传播给投资者，能够削弱知情交易者的信息优势，缓解中小投资者的信息不对称。其次，从媒体对公司管理者的影响看，媒体报道会影响公司管理者的个人声誉和社会声誉，促使其纠正违规行为。Dyck 和 Zingales（2002）认为，媒体对公司管理者的负面报道会影响其在亲朋好友以及陌生投资者中的形象，给管理者施加了一个巨大的舆论压力。Dyck et al.（2008）研究发现，媒体的曝光会促使管理者纠正对外部投资者的利益侵占行为，提高公司治理水平。Joe et al.（2009）发现，受到媒体负面报道的公司董事会，通常会采取积极措施纠正错误、提高公司治理。再次，从媒体对政府监管者的影响看，媒体报道会形成强大的舆论压力，促使政府监管者介入报道事件中，纠正公司存在的违规违法行为，推进相应法律、法规的完善（Besley 和 Part，2006）。

总而言之，在目前中国投资者法律保护、行政管制制度和公司产权安排等正式的投资者保护制度不能有效保护投资者利益的情况下，媒体报道作为正式投资者保护制度的补充机制，能缓解外部投资者的信息不对称，促使控制股东纠正对中小股东的利益侵占，提高公司治理水平，缓解上市公司的代理冲突，推动政府监管者对负面报道事件的介入，纠正上市公司中的违规违法行为。媒体监督所起的公司治理和投资者利益保护作用，能够降低投资者的投资风险，推动公司权益资本成本的下降。

基于以上分析，提出假设5。

假设5：媒体报道水平提高会降低公司权益资本成本。

5.2.6 社会诚信与权益资本成本

社会诚信作为一项非正式制度安排，是正式公司治理制度的有益补充，能够约束内部人和投资者的机会主义，缓解公司的代理冲突。吴水澎和刘启亮（2006）把事前无法讲清楚及理性无知称为制度的"公共领域"。陈汉文等（2005）研究认为，制度的公共领域由于缺乏统一的规范标准来约束参与人的活动，给予了更多人为操控的余地，而良好的社会诚信对此能够起到积极的约束作用，社会诚信与正式公司治理制度一样都是公司治理领域的基本机制。柯武钢和史漫飞（2000）研究认为，社会诚信能够抑制公司内部人和投资者的机会主义，便于人们形成稳定的预期，另外，由于社会诚信没有明确的事前标准，无法通过中立的第三方（如法院、政府部门）来裁决，只能以非正式的私人惩罚机制来保证社会诚信的实现，如断绝与其交易、损害其声誉等。

社会诚信能够提高公司的交易效率，降低公司的交易成本。董昭江（2003）研究认为，企业间的交易需要社会诚信来保障，交易只有在社会诚信和互利的基础上才能实现，进而能够降低交易成本。市场进行资源配置所形成的人财物流动都需要以信用为前提，信用良好的市场体系能够促进资源的高效率配置，相反，缺乏信用的市场往往会扭曲资源配置效率，导致公司的市场交易成本上升，因为在社会诚信缺失的交易中参与交易的双方都需要付出大量的时间和金钱以获取对方的相关信息，同时，为避免失信的风险，交易双方往往都会选择最为安全但交易成本最高的方式进行交易，比如现场查验货物、只进行现金支付等。龙静云（2002）的研究表明，在缺失社会诚信的市场经济中，市场交易的双方都难以保证自身的权益，为维护自身的利益，都需要花费更多的人财物，从而会增加公司的交易成本。

社会诚信能够提升公司投资效率以及缓解公司的融资约束，进而提升公司业绩水平。吴申元和徐建华（2001）研究认为，社会诚信的缺乏会影响到公司的投资效率，影响到产品的市场需求。由于社会诚信的缺失导致市场上充斥大量的假冒伪劣商品，从而严重扰乱了市场秩序，加大了市场中的不确定性，而市场的不确定性导致企业难以按照正常方式来计算和权衡所面临的投资风险和投资收益，这会严重挫伤公司的投资热情，促使投机行为蔓延。相反，在具有良好社会诚信的市场中，没有假冒伪劣商品存在的空间，有助于公司建立良好的品牌声誉，合法经营

105

的公司往往能够获取更高的收益，提高投资效率，避免"劣币驱良币"的悲剧。同样，当市场缺乏社会诚信时，银行为避免出现贷款无法收回的风险，其贷款会非常慎重，出现"惜贷"现象，进而会加重公司的融资约束，导致公司无法筹集到足够的资金，被迫放弃收益高的投资项目，降低公司的投资效率。

以上分析表明，良好的社会诚信能够为公司营造一个公平公正的社会环境，在这个环境中，一旦出现欺诈行为，其负面消息就会广泛传播，人们就会认为是"一颗老鼠屎坏了一锅粥"，是在严重破坏这个社会的诚信，从而严重影响欺诈者的个人声誉和社会声誉，人们将不愿意与欺诈者进行交易，这会给欺诈者带来沉重的精神和物质上的成本压力，进而能够抑制欺诈行为的发生。因此，在一个良好的社会诚信环境下，公司不需要担心交易对象的欺诈行为，不需要投入成本去调查对方的信用度，节省了公司的时间和金钱等交易成本，提高了交易效率，从而有助于公司业绩的提升。同时，在一个良好的社会诚信环境下，公司的投资不需要担心假冒伪劣商品对其产品品质和公司业绩的侵害，有助于公司树立良好的品牌声誉，提高公司的盈利能力；银行的贷款也无须过多担心无法正常收回本息，从而能够有效缓解公司的融资约束，有更多资金用于投资项目，促进公司成长。另外，从影响终极控制股东行为的角度来看，良好的社会诚信环境具有公司治理作用，能够约束终极控制股东的机会主义，抑制其掠夺行为，更好地保护中小股东的权益。

总之，社会诚信有助于公司降低交易成本、提高交易效率，有助于公司提高投资效率、缓解融资约束，进而有助于提升公司整体盈利能力，更好地保障投资的未来收益，同时，社会诚信也有助于抑制终极控制股东的掠夺行为，更好地保护中小股东的合法权益，因此，投资者会降低对公司投资风险的预期，从而要求的回报率更低，推动公司权益资本成本的下降。

基于以上分析，提出假设6。

假设6：社会诚信水平提高会降低公司权益资本成本。

5.3　实证方案设计

5.3.1　研究变量定义

1）因变量

根据第 3 章的分析，权益资本成本度量模型在中国资本市场中适用性表现较好的是 PEG 模型、MPEG 模型和 OJ 模型，为减少单个模型带来的偏误，同时增加样本容量，本书采用 COE_PEG、COE_MPEG 和 COE_OJ 三者平均数来度量权益资本成本（COE），具体计算方法见第 3 章式（3-20）及其说明。

2）解释变量

目前在国内实证研究中，制度环境的测度采用较多的是樊纲等（2011）主编的《中国市场化指数：各地区市场化相对进程 2011 年报告》（下文简称为《市场化指数》），但是由于该指数的时间截止到 2009 年，存在时间上的滞后性。因此，本书借鉴唐跃军等（2014）、陈倩倩和尹义华（2014）等的做法，采用王小鲁等（2013）主编的《中国分省企业经营环境指数 2013 年报告》（下文简称为《经营环境指数》）中的相关指数来度量法律保护水平（Law）、政府行政管理水平（Gov）、金融发展水平（Fin）和社会诚信水平（Honesty）。具体定义如下：（1）法律保护水平（Law）定义为《经营环境指数》中的法制环境指数，该指数越大表明法律保护水平越高。（2）政府行政管理水平（Gov）定义为《经营环境指数》中的政府行政管理指数，该指数具体又包括四个分项指数：政府的公开公平公正、政府效率、减少不必要的政府干预和政府廉洁，指数越大表明政府行政管理水平越高。（3）金融发展水平（Fin）定义为《经营环境指数》中的金融服务指数，该指数越高表明金融发展水平越高。（4）社会诚信水平（Honesty）定义为《经营环境指数》中的诚信社会环境指数，该指数越高表明社会诚信水平越高。（5）产品市场发育程度（Product），由于《经营环境指数》没有相关指标来度量产品市场发育程度。因此，本书采用《市场化指数》中的产品市场发育程度指数来度量，该指数越高表明该地区的产品市场发育程度越高。(6) 媒体报道水平（Media），借鉴 Dyck 和 Zingales（2004）、Haw et al.（2004）等的方法，使用人均日报占有率（即地区日报发行量/地区人口总数）的自然对数来度量，该指标越高表明媒体报道水平越高。详细定义见表5-1。

表5-1 解释变量定义

变量名称	变量符号	变量定义
法律保护水平	Law	《经营环境指数》中的法制环境指数
政府行政管理水平	Gov	《经营环境指数》中的政府行政管理指数
金融发展水平	Fin	《经营环境指数》中的金融服务指数
产品市场发育程度	Product	《市场化指数》中的产品市场发育程度指数
媒体报道水平	Media	人均日报占有率的自然对数
社会诚信水平	Honesty	《经营环境指数》中的诚信社会环境指数

3）控制变量

与前文相同，本章的实证检验控制了如下变量。详细定义见表5-2。

表5-2 控制变量的详细定义

变量名称	变量符号	变量定义
贝塔系数	Beta	当年股票贝塔值
公司规模	Lnassets	年末总资产的自然对数
账面市值比	Bm	股东权益账面价值与其市场价值的比率
经营风险	Oprisk	年末非流动资产与年末总资产的比率
财务风险	Finrisk	年末总负债与年末总资产的比率
换手率	Turnover	年成交股数与年末流通股总股数的比率
盈利性	Roa	年净利润与年末总资产的比率
资产周转率	Assturn	年营业收入与年末总资产的比率
成长性	Incomegrow	年营业收入增长率
股利支付率	Rdiv	年现金股利总额与年净利润的比率
股权集中度	Hfd	年末第一至第五大股东持股比例的平方和
年份	Year	设置2005—2013年每一年的虚拟变量
行业	Industry	设置20个行业的虚拟变量

5.3.2　实证模型构建

为检验制度环境对权益资本成本的影响，本章构建如下回归模型：

$$COE = \beta_0 + \beta_1 System + \sum (\lambda\ Control\_Variable) + \varepsilon \qquad (5-1)$$

其中，COE为权益资本成本，β_0、β_1和λ为模型待估计参数。System为制度环境变量，具体包括法律保护水平（Law）、政府行政管理水平（Gov）、金融发展水平（Fin）、产品市场发育程度（Product）、媒体报道水平（Media）和社会诚信水平（Honesty）。Control_Variable是控制变量（包括年份和行业），ε是随机误差项。变量的详细定义见表5-1和表5-2。在实证检验时把制度环境变量逐一放入回归模型中进行检验。

5.3.3　样本选择和数据来源

与第4章相同，本章同样采用2004—2013年所有沪深两市上市公司作为初选样本，然后剔除如下部分样本：（1）属于金融保险类的上市公司；（2）上市公司被ST或*ST处理；（3）上市公司资产负债率大于1；（4）同时发行A股和其他类型股票的上市公司，该类公司因为存在两个以上股价不便于求隐含权益资本成本，因此被剔除；（5）在中小板和创业板上市的公司；（6）终极控制权低于10%的公司；（7）变量存在数据缺失的。除此以外，本章还删除了西藏和青海两地的上市公司样本，因为王小鲁等（2013）主编的《经营环境指数》中由于西藏和青海两地样本企业过少没纳入统计范围，其制度环境变量缺失。经过以上步骤筛选后，获得包含9 901个观测个案的非平衡面板样本。

本章的制度环境（除媒体报道水平外）数据均来自于王小鲁等（2013）主编的《经营环境指数》以及樊纲等（2011）主编的《市场化指数》中的相关指数，由于王小鲁等（2013）主编的《经营环境指数》每两年调查一次，从2006年开始到现在共包含2006年、2008年、2010年和2012年四年的指数，为此本章遵循王小鲁等（2013）的做法，定义2007年、2009年和2011年指数为其前后两年指数的平均数，然后定义2004年和2005年指数等于2006年指数，2013年指数等于2012指数。《市场化指数》只有截止到2009年的数据，因此定义2010年至2013年指数等于2009年指数。媒体报道水平使用人均日报占有率的自然对数来度量，其中地区日报发行量和人口总数均来自于2004—2013年的《中国统计年鉴》及地方统计年鉴。其他数据均来自于CSMAR数据库。

5.3.4 数据的描述性统计

1）混合样本的描述性统计

表5-3是混合样本的描述性统计。表中法律保护水平（Law）的平均数和中位数分别是3.164和3.180，政府行政管理水平（Gov）的平均数和中位数分别是3.158和3.160，社会诚信水平（Honesty）的平均数和中位数分别是3.095和3.100，根据王小鲁等（2013）的统计方法，指数值1、2、3、4、5分别表示"很差"、"较差"、"一般"、"较好"、"很好"，而法律保护水平、政府行政管理水平和社会诚信水平三者都只是比3略高，表明中国这三项制度环境都处于"一般"水平。金融发展水平（Fin）的平均数和中位数分别是2.816和2.860，处于"较差"水平，表明中国金融发展水平处在较低的水平，可能存在较为严重的融资约束。产品市场竞争程度（Product）的平均数和中位数分别是8.118和8.540，媒体报道水平（Media）的平均数和中位数分别是3.484和3.496。

表5-3 　　　　　　　　　　　**混合样本的描述性统计**

变量	观测数	平均数	标准差	最小值	25分位数	中位数	75分位数	最大值
COE	9 843	0.085	0.047	0.000	0.053	0.080	0.110	0.855
Law	9 774	3.164	0.143	2.740	3.070	3.180	3.270	3.630
Gov	9 774	3.158	0.157	2.740	3.060	3.160	3.260	3.650
Fin	9 774	2.816	0.291	2.060	2.560	2.860	3.020	3.450
Product	9 901	8.118	1.388	−3.670	7.590	8.540	8.930	10.180
Media	9 901	3.484	0.633	1.933	2.995	3.496	3.875	6.012
Honesty	9 774	3.095	0.182	2.580	2.960	3.100	3.240	3.560
Beta	9 847	1.113	0.245	−0.342	0.980	1.130	1.260	2.355
Lnassets	9 901	21.814	1.161	15.577	20.991	21.716	22.502	27.387

变量	观测数	平均数	标准差	最小值	25分位数	中位数	75分位数	最大值
Bm	9 901	0.493	0.312	0.002	0.259	0.432	0.660	4.413
Oprisk	9 897	0.472	0.220	0.000	0.307	0.468	0.638	0.989
Finrisk	9 901	0.511	0.188	0.007	0.379	0.525	0.650	0.994
Turnover	9 901	5.197	3.612	0.007	2.515	4.218	6.882	31.030
Roa	9 900	0.032	0.074	-2.746	0.011	0.029	0.056	2.163
Assturn	9 900	0.718	0.579	0.000	0.353	0.585	0.898	8.097
Incomegrow	9 765	0.221	0.541	-0.650	-0.008	0.134	0.307	3.767
Rdiv	9 901	0.216	0.296	0.000	0.000	0.105	0.335	1.589
Hfd	9 901	0.185	0.132	0.006	0.080	0.152	0.263	0.800

2）制度环境的年度变化趋势

表5-4是制度环境变量的年度平均数，图5-1是制度环境变量年度平均数的变化趋势[①]。从表5-4和图5-1的年度变化趋势中可以发现，在《经营环境指数》2006—2012年每两年的调查数据中，法律保护水平（Law）的平均数从2006年最低位置的3.048上升到2008年最高位置的3.274，此后又下降到2010年的3.147，到2012年又涨至3.238，最大值与最小值的差为0.226；政府行政管理水平（Gov）的平均数从2006年最低位置的3.068上升到2008年的3.201，此后又下降到2010年的3.179，到2012年时涨至最大值3.225，最大值与最小值的差为0.157；社会诚信水平（Honesty）的平均数从2006年最低位置的3.003上升到2008年的3.140，此后又下降到2010年的3.135，到2012年时涨至最大值3.149，最大值与最小值的差为0.146；金融发展水平（Fin）的平均数从2006年最低位置的2.477上升到2008年的2.950，此后又下降到2010年的2.892，到2012年时涨至最大值3.083，最大值与最小值的差为0.606。从以上四个指数来看，法律保护水平、政府行政管理水平和社会诚信水平总体在逐步上升，但上升的幅度较小，保持了相对的稳定性，基本维持在"一般"水平，但金融发展水平总体呈现较大幅度的上升趋势，由2006年的"较差"水平上升

---

① 图5-1中，由于产品市场发育程度的数据较其他制度环境变量的数据大很多，为便于观察数据的变化，对产品市场发育程度单独设立右纵坐标。

到 2012 年的"一般"水平。从《市场化指数》2004—2009 年产品市场发育程度指数来看，该指数的平均数从 2004 年最高位置的 8.349 下降到 2005 年最低位置的 7.990，此后逐步上升到 2008 年的 8.133，到 2009 年时又跌至 8.122，最大值与最小值的差为 0.359。除 2004 年的最大值外，此后的产品市场发育程度指数总体呈现小幅度的上升趋势。从媒体报道水平来看，除 2009 年最高位置的 3.613 外，媒体报道水平也总体呈现小幅度的上升趋势。

表 5-4　　　　　　　　　　制度环境变量的年度平均数

Year	Law	Gov	Fin	Product	Media	Honesty
2004	3.049	3.066	2.479	8.349	3.406	3.000
2005	3.048	3.065	2.477	7.990	3.442	2.999
2006	3.051	3.068	2.477	7.993	3.463	3.003
2007	3.166	3.135	2.716	8.087	3.497	3.073
2008	3.274	3.201	2.950	8.133	3.454	3.140
2009	3.213	3.191	2.920	8.122	3.613	3.138
2010	3.147	3.179	2.892	8.139	3.440	3.135
2011	3.194	3.204	2.990	8.120	3.504	3.144
2012	3.238	3.225	3.083	8.122	3.510	3.149
2013	3.237	3.225	3.085	8.119	3.502	3.147
合计	3.164	3.158	2.816	8.118	3.484	3.095

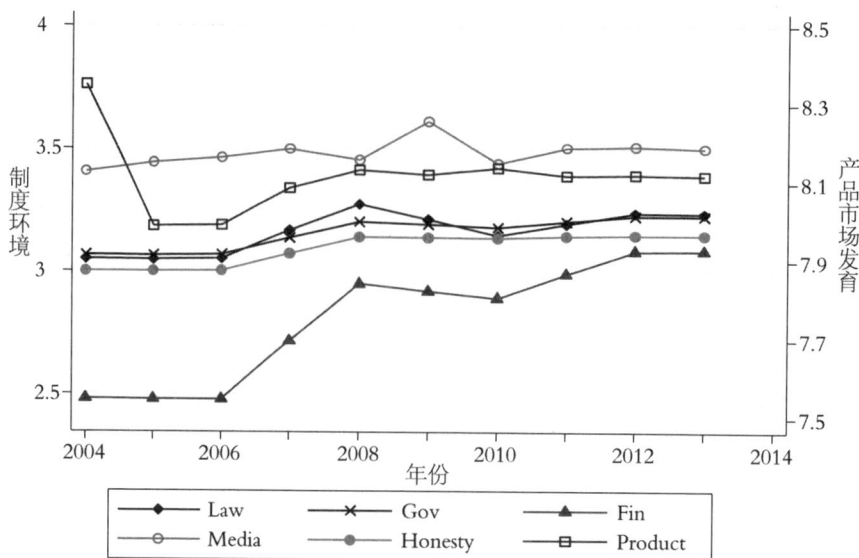

图 5-1　制度环境变量年度平均数的变化趋势

5.4　实证结果分析

5.4.1　单变量分析

表 5-5 是制度环境与权益资本成本的单变量分析，表中各组按照制度环境变量的年度中位数划分成低水平和高水平两个小组，即如果某一观测值的制度环境变量低于该年全部制度环境变量的中位数，则属于低水平的小组，否则就属于高水平的小组，然后分别进行均值 T 检验和 Wilcoxon 中位数秩和检验。

组 A 中法律保护低水平组的权益资本成本平均数和中位数在 1%水平上显著高于高水平组，表明法律保护水平提高能够降低公司的权益资本成本，从而验证了假设 1。组 B 中政府行政管理低水平组的权益资本成本平均数和中位数在 1%水平上显著高于高水平组，表明政府行政管理水平提高能够降低公司的权益资本成本，验证了假设 2。组 C 中金融发展低水平组的权益资本成本平均数和中位数分别在 1%和 5%水平上显著高于高水平组，表明金融发展水平提高能够降低公司的权益资本成本，验证了假设 3。组 D 中产品市场发育程度低水平组的权益资本成本平均数和中位数均高于高水平组，且平均数通过了 10%显著水平检验，表明产品市场发育程度提高能够降低公司的权益资本成本，验证了假设 4。组 E 中媒体报道低水平组的权益资本成本平均数和中位数在 1%水平上显著高于高水平组，表明媒体报道水平提高能够降低公司的权益资本成本，验证了假设 5。组 F 中社会诚信低水平组的权益资本成本平均数中位数在 1%水平上显著高于高水平组，表明社会诚信水平提高能够降低公司的权益资本成本，验证了假设 6。

表 5-5　　**制度环境与权益资本成本的单变量分析**

组	制度环境状况	观测数	平均数	平均数差	T 值	中位数	中位数差	Z 值
A	法律保护水平低	4 925	8.74%	0.51%	5.331***	8.08%	0.27%	3.860***
	法律保护水平高	4 918	8.23%			7.81%		

组	制度环境状况	观测数	平均数	平均数差	T值	中位数	中位数差	Z值
B	政府行政管理水平低	4 925	8.79%	0.61%	6.357***	8.04%	0.17%	3.906***
	政府行政管理水平高	4 918	8.18%			7.87%		
C	金融发展水平低	4 925	8.67%	0.37%	3.891***	8.03%	0.14%	2.494**
	金融发展水平高	4 918	8.30%			7.89%		
D	产品市场竞争程度低	4 925	8.56%	0.16%	1.671*	7.98%	0.06%	1.111
	产品市场竞争程度高	4 918	8.40%			7.92%		
E	媒体报道水平低	4 925	8.70%	0.44%	4.587***	8.03%	0.14%	2.592***
	媒体报道水平高	4 918	8.26%			7.89%		
F	社会诚信水平低	4 925	8.74%	0.52%	5.438***	8.04%	0.20%	3.143***
	社会诚信水平高	4 918	8.22%			7.84%		

注：上标***、**、*分别表示通过1%、5%、10%的显著性水平检验。

5.4.2　多元回归分析

表5-6是制度环境与权益资本成本的多元回归结果。通过Breusch-Pagan检验（Breusch和Pagan，1980）、Hausman检验和Sargan-Hansen过度识别检验发现，模型（1）至模型（6）都不适合使用混合效应和随机效应模型，为此本书采用了个体固定效应模型。总体来看，表的模型（1）至模型（6）中，调整后R^2介于0.321至0.327之间，表明模型（1）至模型（4）中的解释变量和控制变量能够解释权益资本成本32.1%至32.7%的变异；F统计量在1%水平上全部高度显著，表明模型系数整体显著；Wald检验1和Wald检验2中的F统计量都在1%水平上高度显著，表明年份和行业对权益资本成本有着显著影响；控制变量系数符号与已有文献研究发现基本一致，基本符合理论预期。此外，模型（1）至模型（6）的多重共线性检测发现，所有解释变量和控制变量的方差膨胀因子（Vif）都显著小于10，可以判定模型不存在多重共线性。

表5-6 制度变量与权益资本成本的多元回归结果

变量	(1)	(2)	(3)	(4)	(5)	(6)
Law	−0.030***					
	(−4.263)					
Gov		−0.014**				
		(−2.071)				
Fin			−0.022***			
			(−4.624)			
Product				−0.003***		
				(−3.300)		
Media					−0.004***	
					(−2.627)	
Honesty						−0.014***
						(−2.673)
Beta	0.003*	0.003*	0.003*	0.004*	0.004*	0.003*
	(1.670)	(1.796)	(1.706)	(1.958)	(1.960)	(1.728)
Lnassets	−0.001	−0.001	−0.001	−0.000	−0.000	−0.001
	(−0.602)	(−0.640)	(−0.518)	(−0.038)	(−0.209)	(−0.608)
Bm	0.046***	0.047***	0.047***	0.047***	0.046***	0.047***
	(22.224)	(22.243)	(22.305)	(22.189)	(21.979)	(22.239)
Oprisk	0.003	0.003	0.003	0.003	0.003	0.003
	(0.844)	(0.809)	(0.882)	(0.646)	(0.663)	(0.844)
Finrisk	0.070***	0.070***	0.070***	0.071***	0.071***	0.070***
	(16.976)	(16.887)	(16.975)	(17.185)	(17.065)	(16.927)
Turnover	−0.000**	−0.000**	−0.000***	−0.000***	−0.000***	−0.000***
	(−2.502)	(−2.558)	(−2.619)	(−2.784)	(−2.756)	(−2.605)
Roa	−0.111***	−0.112***	−0.111***	−0.113***	−0.113***	−0.111***
	(−17.868)	(−17.896)	(−17.821)	(−18.212)	(−18.196)	(−17.834)
Assturn	−0.001	−0.001	−0.001	−0.001	−0.001	−0.001
	(−0.640)	(−0.662)	(−0.516)	(−0.869)	(−0.936)	(−0.649)
Incomegrow	−0.004***	−0.004***	−0.004***	−0.003***	−0.003***	−0.004***
	(−4.942)	(−4.908)	(−4.907)	(−4.519)	(−4.610)	(−4.886)
Rdiv	0.004***	0.004***	0.004***	0.004***	0.004***	0.004***
	(2.826)	(2.835)	(2.901)	(2.920)	(2.858)	(2.871)
Hfd	−0.022***	−0.021***	−0.021***	−0.024***	−0.024***	−0.022***
	(−3.301)	(−3.251)	(−3.193)	(−3.654)	(−3.685)	(−3.287)

终极所有权结构、制度环境和权益资本成本

变量	(1)	(2)	(3)	(4)	(5)	(6)
Constant	0.090***	0.040	0.052**	0.035	0.020	0.041
	(2.798)	(1.273)	(1.981)	(1.423)	(0.865)	(1.416)
Year	控制	控制	控制	控制	控制	控制
Industry	控制	控制	控制	控制	控制	控制
调整后 R^2	0.327	0.326	0.327	0.322	0.321	0.326
F统计量	144.2	143.6	144.3	143.2	143.0	143.7
Wald检验1	113.978	107.409	67.255	142.586	142.425	119.531
Wald检验2	2.655	2.612	2.574	3.141	3.176	2.594

注：表中括号内数字是回归系数的双尾T检验的T值；回归系数上标***、**、* 分别表示对应回归系数通过1%、5%、10%的显著性水平检验；Wald检验1是年份虚拟变量联合显著性Wald检验的F统计量，Wald检验2是行业虚拟变量联合显著性Wald检验的F统计量；所有解释变量和控制变量的方差膨胀因子（Vif）都显著小于10。

在模型（1）中，法律保护水平（Law）系数在1%水平上显著为负，表明法律保护水平提高会降低公司权益资本成本，验证了假设1。这一实证结果说明，更高的法律保护水平能够促进银行信贷和股票市场的发展，缓解公司融资约束，推动公司发展，同时，更高的法律保护水平还能够更好地保护中小股东的合法权益，缓解中小股东相比终极控制股东的信息不对称，增加终极控制股东掠夺的法律风险和掠夺成本，因此，法律保护水平提高会降低投资者面临的投资风险，进而降低公司的权益资本成本。

在模型（2）中，政府行政管理水平（Gov）系数在5%水平上显著为负，表明政府行政管理水平提高会降低公司权益资本成本，验证了假设2。这一实证结果说明，过多政府干预会扭曲资源配置效率、产生国有企业的低效投资和滋生政府官员的腐败行为，导致公司政治成本、代理成本和腐败成本的增加，同时，过多政府干预赋予国有公司或有政治关联公司的过度保护还会加剧终极控制股东的利益侵占，降低公司的信息透明度。因此，减少政府干预有利于提升公司价值，更好地保护中小股东利益，进而降低投资者的投资风险和公司的权益资本成本。此外，政府的高效、廉洁和公正还能够降低公司的时间成本以及寻租成本，进而提升公司绩效，从而降低投资者的投资风险和公司的权益资本成本。

在模型（3）中，金融发展水平（Fin）系数在 1% 水平上显著为负，表明金融发展水平提高会降低公司权益资本成本，验证了假设 3。这一实证结果说明，金融发展能够缓解公司的融资约束、提高公司信息披露水平和公司治理水平、培育更多成熟的机构投资者，从而能够提升公司绩效，增加终极控制股东的利益侵占成本，抑制其侵占行为，更好地保护中小股东的利益，进而降低投资者的投资风险和公司的权益资本成本。

在模型（4）中，产品市场发育程度（Product）系数在 1% 水平上显著为负，表明产品市场发育程度提高会降低公司权益资本成本，验证了假设 4。这一实证结果说明，产品市场发育程度提高会加剧产品市场竞争，而产品市场竞争会产生信息比较效应和破产威胁效应，进而使得股东有更充分的信息监督公司管理层，督促其努力工作，减少在职消费和过度投资，提升公司的业绩。此外，产品市场竞争还能够完善市场定价机制，增加非公平价格方式转移资源的难度，提高公司信息披露水平，从而抑制终极控制股东的掠夺，进而降低投资者的投资风险和公司权益资本成本。

在模型（5）中，媒体报道水平（Media）系数在 1% 水平上显著为负，表明媒体报道水平提高会降低公司权益资本成本，验证了假设 5。这一实证结果说明，当投资者法律保护体系和行政管制制度等正式投资者保护机制不能有效保护投资者利益的情况下，媒体报道作为正式投资者保护制度的补充机制，有助于降低外部投资者的信息不对称，促使公司管理者纠正对中小股东的利益侵占，提高公司治理水平，缓解上市公司的代理冲突，推动政府监管者对负面报道事件的介入，纠正上市公司中的违规违法行为，从而降低投资者的投资风险和公司的权益资本成本。

在模型（6）中，社会诚信水平（Honesty）系数在 1% 水平上显著为负，表明社会诚信水平提高会降低公司权益资本成本，验证了假设 6。这一实证结果说明，社会诚信有助于公司降低交易成本、提高交易效率，有助于公司提高投资效率、缓解融资约束，进而有助于提升公司整体盈利能力，更好保障投资者的未来投资收益，同时，社会诚信也有助于抑制终极控制股东的掠夺行为，更好地保护投资者的合法权益，从而降低投资者的投资风险和公司的权益资本成本。

5.5 —————————— 稳健性检验 ——————————

5.5.1 关于权益资本成本度量模型调整的稳健性检验

前文实证结果使用 COE_PEG、COE_MPEG 和 COE_OJ 三者的平均数来度量权益资本成本，稳健性检验分别单独使用三个变量来度量权益资本成本，以测试权益资本成本度量模型的调整是否会改变制度环境与权益资本成本的关系。表 5-7 是采用 COE_PEG 度量权益资本成本时的检验结果。在表 5-7 中，法律保护水平（Law）、政府行政管理水平（Gov）、金融发展水平（Fin）、产品市场发育程度（Product）、媒体报道水平（Media）和社会诚信水平（Honesty），其系数符号和显著性水平与表 5-6 中的实证结果基本一致，表明前文实证结果是稳健的。采用 COE_MPEG 和 COE_OJ 度量权益资本成本时的稳健性检验结果也同样与表 5-6 中的实证结果基本一致（限于篇幅，正文中并未报告）。

表 5-7　　关于权益资本成本度量模型调整的稳健性检验

变量	(1)	(2)	(3)	(4)	(5)	(6)
Law	−0.031***					
	(−4.285)					
Gov		−0.012*				
		(−1.772)				
Fin			−0.018***			
			(−3.819)			
Product				−0.005***		
				(−5.328)		
Media					−0.003**	
					(−1.965)	
Honesty						−0.013**
						(−2.383)
Beta	0.005**	0.005**	0.005**	0.005***	0.005**	0.005**
	(2.339)	(2.454)	(2.392)	(2.629)	(2.513)	(2.392)

续表

变量	(1)	(2)	(3)	(4)	(5)	(6)
Lnassets	-0.001	-0.001	-0.001	-0.002**	-0.002*	-0.001
	(-1.264)	(-1.214)	(-1.274)	(-1.985)	(-1.710)	(-1.222)
Bm	0.044***	0.044***	0.044***	0.044***	0.044***	0.044***
	(20.639)	(20.686)	(20.731)	(20.869)	(20.593)	(20.658)
Oprisk	0.004	0.004	0.004	0.003	0.003	0.004
	(0.908)	(0.886)	(0.962)	(0.712)	(0.775)	(0.899)
Finrisk	0.067***	0.067***	0.067***	0.069***	0.068***	0.067***
	(15.594)	(15.503)	(15.556)	(16.072)	(15.805)	(15.535)
Turnover	-0.000***	-0.000***	-0.000***	-0.000***	-0.000***	-0.000***
	(-2.770)	(-2.821)	(-2.874)	(-2.961)	(-2.906)	(-2.853)
Roa	-0.114***	-0.115***	-0.114***	-0.115***	-0.116***	-0.114***
	(-18.513)	(-18.561)	(-18.496)	(-18.798)	(-18.839)	(-18.501)
Assturn	-0.001	-0.001	-0.001	-0.001	-0.001	-0.001
	(-0.517)	(-0.554)	(-0.420)	(-0.651)	(-0.735)	(-0.527)
Incomegrow	-0.004***	-0.004***	-0.004***	-0.004***	-0.004***	-0.004***
	(-5.201)	(-5.170)	(-5.175)	(-5.039)	(-5.151)	(-5.154)
Rdiv	0.008***	0.008***	0.008***	0.008***	0.008***	0.008***
	(4.957)	(4.994)	(5.033)	(5.224)	(5.185)	(5.001)
Hfd	-0.030***	-0.030***	-0.030***	-0.034***	-0.034***	-0.030***
	(-4.407)	(-4.359)	(-4.314)	(-4.938)	(-4.859)	(-4.394)
Constant	0.141***	0.084**	0.091***	0.103***	0.068***	0.086***
	(4.273)	(2.572)	(3.349)	(4.045)	(2.783)	(2.891)
Year	控制	控制	控制	控制	控制	控制
Industry	控制	控制	控制	控制	控制	控制
调整后 R^2	0.325	0.323	0.324	0.324	0.322	0.323
F统计量	131.2	130.6	131.0	132.7	131.7	130.7
Wald检验1	112.911	102.746	63.871	136.412	135.450	113.036
Wald检验2	3.092	3.046	2.995	3.459	3.604	3.029

注：表中括号内数字是回归系数的双尾T检验的T值；回归系数上标***、**、* 分别表示对应回归系数通过1%、5%、10%的显著性水平检验；Wald检验1是年份虚拟变量联合显著性Wald检验的F统计量，Wald检验2是行业虚拟变量联合显著性Wald检验的F统计量；所有解释变量和控制变量的方差膨胀因子（Vif）都显著小于10。

119

5.5.2　关于参数估计方法调整的稳健性检验

与前文相同，使用Driscoll-Kraay参数估计方法（Driscoll和Kraay，1998）估计实证模型（该参数估计方法在面板模型存有异方差和序列相关时仍然稳健），以测试参数估计方法的调整是否会改变制度环境与权益资本成本之间的关系。具体稳健性检验结果见表5-8。在表5-8中，法律保护水平（Law）、政府行政管理水平（Gov）、金融发展水平（Fin）、产品市场发育程度（Product）、媒体报道水平（Media）和社会诚信水平（Honesty），其系数符号和显著性水平与表5-6中的实证结果基本一致，进一步说明了前文实证结果是稳健的。

表5-8　　　　　　　　关于参数估计方法调整的稳健性检验

变量	(1)	(2)	(3)	(4)	(5)	(6)
Law	−0.030***					
	(−3.222)					
Gov		−0.014***				
		(−3.400)				
Fin			−0.022***			
			(−3.329)			
Product				−0.003***		
				(−5.216)		
Media					−0.004**	
					(−2.233)	
Honesty						−0.014***
						(−3.273)
Beta	0.003	0.003	0.003	0.004	0.004	0.003
	(1.167)	(1.237)	(1.198)	(1.322)	(1.326)	(1.188)
Lnassets	−0.001	−0.001	−0.001	−0.000	−0.000	−0.001
	(−0.351)	(−0.377)	(−0.303)	(−0.023)	(−0.125)	(−0.356)
Bm	0.046***	0.047***	0.047***	0.047***	0.046***	0.047***
	(10.959)	(10.962)	(10.879)	(10.449)	(10.407)	(10.888)
Oprisk	0.003	0.003	0.003	0.003	0.003	0.003
	(0.448)	(0.426)	(0.482)	(0.350)	(0.359)	(0.446)

变量	(1)	(2)	(3)	(4)	(5)	(6)
Finrisk	0.070***	0.070***	0.070***	0.071***	0.071***	0.070***
	(8.163)	(8.095)	(8.064)	(8.120)	(8.063)	(8.088)
Turnover	−0.000***	−0.000***	−0.000***	−0.000***	−0.000***	−0.000***
	(−3.039)	(−3.240)	(−3.224)	(−4.114)	(−3.752)	(−3.316)
Roa	−0.111**	−0.112**	−0.111**	−0.113**	−0.113**	−0.111**
	(−2.270)	(−2.262)	(−2.264)	(−2.271)	(−2.271)	(−2.264)
Assturn	−0.001	−0.001	−0.001	−0.001	−0.001	−0.001
	(−1.012)	(−1.062)	(−0.878)	(−1.284)	(−1.365)	(−1.034)
Incomegrow	−0.004***	−0.004***	−0.004***	−0.003***	−0.003***	−0.004***
	(−2.897)	(−2.926)	(−2.929)	(−3.072)	(−3.057)	(−2.896)
Rdiv	0.004***	0.004***	0.004***	0.004***	0.004***	0.004***
	(2.702)	(2.689)	(2.689)	(2.771)	(2.687)	(2.748)
Hfd	−0.022***	−0.021***	−0.021***	−0.024***	−0.024***	−0.022***
	(−4.352)	(−4.136)	(−4.033)	(−4.332)	(−4.509)	(−4.246)
Constant	0.090**	0.040	0.052	0.035	0.020	0.041
	(2.541)	(1.453)	(1.263)	(0.994)	(0.587)	(1.065)
Year	控制	控制	控制	控制	控制	控制
Industry	控制	控制	控制	控制	控制	控制
组内 R^2	0.417	0.416	0.417	0.412	0.411	0.416
F统计量	273.8	530.7	634.5	608.9	657.5	531.5
Wald检验1	4 227.6	8 065.1	23 535.6	6 633.5	7 875.8	10 697.4
Wald检验2	11.192	13.879	18.973	6.471	10.834	19.252

　　注：表中括号内数字是回归系数的双尾 T 检验的 T 值；回归系数上标***、**、*分别表示对应回归系数通过 1%、5%、10%的显著性水平检验；Wald 检验 1 是年份虚拟变量联合显著性 Wald 检验的 F 统计量，Wald 检验 2 是行业虚拟变量联合显著性 Wald 检验的 F 统计量；所有解释变量和控制变量的方差膨胀因子（Vif）都显著小于 10。

5.5.3　关于回归样本调整的稳健性检验

　　本章的 2004—2013 年制度环境数据主要来自于《经营环境指数》和《市场化指数》。但《经营环境指数》只有 2006—2012 年的数据，《市场化指数》只有截止到 2009 年的数据，本章其他年份的制度环境数据实际上是取自于前后相邻年份的数据。因此，出于稳健性考虑，来自于《经营环境指数》的法律保护水平（Law）、政府行政管理水平（Gov）、金融发展水平（Fin）和社会诚信水平（Honesty）样本年份调整为2006—2012年，来自于《市场化指数》的产品市场发育程度（Product）样本年份调整为2004—2009年，以测试样本年份的调整是否会改变制度环境与权益资本成本的关系。具体稳健性检验结果见表5-9。表中的法律保护水平（Law）、政府行政管理水平（Gov）、金融发展水平（Fin）、产品市场发育程度（Product）和社会诚信水平（Honesty），其系数符号和显著性水平与表5-6中的实证结果基本一致，进一步说明了前文实证结果是稳健的。

表5-9 关于回归样本调整的稳健性检验

变量	(1)	(2)	(3)	(4)	(5)
Law	−0.025***				
	(−3.093)				
Gov		−0.016**			
		(−2.060)			
Fin			−0.022***		
			(−3.942)		
Product				−0.002**	
				(−2.044)	
Honesty					−0.013**
					(−2.115)
Beta	0.003	0.003	0.003	0.008**	0.003
	(1.570)	(1.512)	(1.527)	(2.556)	(1.549)
Lnassets	−0.001	−0.001	−0.001	−0.004*	−0.001
	(−0.985)	(−1.016)	(−0.980)	(−1.849)	(−0.973)
Bm	0.044***	0.044***	0.044***	0.040***	0.044***
	(16.372)	(16.391)	(16.421)	(10.566)	(16.415)
Oprisk	0.008	0.008	0.008	0.012*	0.008
	(1.623)	(1.612)	(1.631)	(1.693)	(1.635)
Finrisk	0.068***	0.068***	0.068***	0.047***	0.068***
	(13.318)	(13.266)	(13.361)	(6.131)	(13.310)
Turnover	−0.000**	−0.000**	−0.000**	−0.001**	−0.000**

变量	(1)	(2)	(3)	(4)	(5)
	(−1.975)	(−2.010)	(−2.092)	(−2.036)	(−2.035)
Roa	−0.042***	−0.042***	−0.041***	−0.151***	−0.041***
	(−6.051)	(−6.033)	(−5.966)	(−15.718)	(−5.998)
Assturn	−0.001	−0.001	−0.001	0.001	−0.001
	(−0.774)	(−0.777)	(−0.639)	(0.246)	(−0.781)
Incomegrow	−0.003***	−0.003***	−0.003***	−0.003**	−0.003***
	(−3.321)	(−3.345)	(−3.364)	(−2.510)	(−3.304)
Rdiv	0.003	0.003*	0.003	0.002	0.003*
	(1.580)	(1.651)	(1.626)	(0.757)	(1.693)
Hfd	−0.012	−0.012	−0.012	−0.005	−0.011
	(−1.291)	(−1.267)	(−1.277)	(−0.459)	(−1.246)
Constant	0.065	0.036	0.040	−0.085	0.027
	(1.605)	(0.899)	(1.177)	(−1.550)	(0.729)
Year	控制	控制	控制	控制	控制
Industry	控制	控制	控制	控制	控制
调整后 R^2	0.313	0.312	0.313	0.061	0.312
F 统计量	111.9	111.6	112.2	42.41	111.7
Wald 检验 1	122.842	114.909	83.156	99.245	120.174
Wald 检验 2	0.973	0.958	0.919	2.229	1.299

注：表中括号内数字是回归系数的双尾 T 检验的 T 值；回归系数上标***、**、*分别表示对应回归系数通过 1%、5%、10%的显著性水平检验；Wald 检验 1 是年份虚拟变量联合显著性 Wald 检验的 F 统计量，Wald 检验 2 是行业虚拟变量联合显著性 Wald 检验的 F 统计量；所有解释变量和控制变量的方差膨胀因子（Vif）都显著小于 10。

5.5.4　其他稳健性检验

为进一步验证实证结果的稳健性，本章还做了以下测试：（1）借鉴 Chava 和 Purnanandam（2010）、肖珉和沈艺峰（2008）等的做法，使用 GLS 模型（Gebhardt et al.，2001）来度量权益资本成本，最后的稳健性检验结果与前文实证结果基本一致。（2）采用《市场化指数》中的市场中介组织的发育和法律制度环境指数、政府与市场的关系指数和金融业的市场化指数来代替《经营环境指数》中的法律环境指数、政府行政管理指数和金融服务指数，同时还采用行业的赫芬达尔指数（行业中所有企业销售收入所占份额的平方和）来度量产品市场发育程度，最后的稳健性检验结果与前文实证结果基本一致。（3）借鉴其他文献（王春飞等，2013；肖作平，2012），使用年末所有者权益市场价值的自然对数代替公司规模变量（年末总资产的自然对数 Lnassets），使用年总资产增长率代替成长性变量（年营业收入增长率 Incomegrow），最后的稳健性检验结果与前文实证结果基本一致。（4）前文样本界定的终极控制股东有效控制权比率为10%，本章借鉴 La Porta et al.（1999）的经典研究文献把有效控制权比率界定为20%，以此筛选终极控制股东样本进行稳健性测试，测试结果与前文实证结果基本一致。以上稳健性检验结果，限于篇幅，并未在正文中加以报告。

5.6 ———————————— 本章小结 ————————————

本章基于中国目前的制度背景，理论推演了制度环境（包括法律保护、政府行政管理、金融发展、产品市场发育、媒体报道和社会诚信）对权益资本成本的影响，在理论推演的基础上，以2004—2013年沪深两市上市的A股公司为研究样本，采用个体固定效应模型进行了实证检验，之后又对检验结果做了较充分的稳健性检验。

通过理论推演和实证检验发现，制度环境质量的改善能够降低公司的权益资本成本，具体来说：（1）法律保护水平提高会降低公司权益资本成本，表明更高的法律保护水平能够促进银行信贷和股票市场的发展，能够更好地保护中小股东的合法权益，能够缓解中小股东相比终极控制股东的信息不对称，进而降低投资者的投资风险和公司的权益资本成本。（2）政府行政管理水平提高会降低公司权益资本成本，表明减少不必要的政府干预能够降低公司的政治成本、代理成本和腐败成本，同时还能够降低赋予国有公司或政治关联公司的过度保护，提高公司的信息透明度，此外，政府的高效、廉洁和公正能够降低公司的时间成本以及寻租成本，这些都有利于降低投资者的投资风险，进而降低公司的权益资本成本。（3）金融发展水平提高会降低公司权益资本成本，表明金融发展能够缓解公司的融资约束、提高公司信息披露水平和公司治理水平、培育更多成熟的机构投资者，从而能够提升公司绩效，抑制终极控制股东的掠夺，进而降低投资者的投资风险和公司的权益资本成本。(4)产品市场发育程度提高会降低公司权益资本成本，表明产品市场发育程度提高会加剧产品市场竞争，而产品市场竞争会产生信息比较效应和破产威胁效应，进而抑制公司内部人的机会主义，同时产品市场竞争还能够完善市场定价机制，增加非公平价格方式转移资源的难度，提高公司信息披露水平，从而抑制终极控制股东的掠夺，进而降低投资者的投资风险和公司权益资本成本。(5)媒体报道水平提高会降低公司权益资本成本，表明媒体报道作为正式投资者保护制度的补充机制，有助于降低投资者的信息不对称，促使公司内部人纠正对中小股东的利益侵占、提高公司治理水平，推动政府监管者对负面报道事件的介入，纠正上市公司中的违规违法行为，从而降低投资者的投资风险和公司的权益资本成本。(6)社会诚信水平提高会降低公司权益资本成本，表明社会诚信有助于公司降低交易成本、提高交易效率，有助于公司提高投资效率、缓解融资约束，同时还有助于抑制终极控制股东的掠夺行为，从而降低投资者的投资风险和公司的权益资本成本。

第 6 章

制度环境和两权分离度对权益资本成本的交互影响

6.1 —————————— 引言 ——————————

在前两章单独研究终极所有权结构、制度环境对权益资本成本影响的基础上，本章将进一步深入系统地研究制度环境与两权分离度（终极所有结构的核心代理变量）对权益资本成本的交互影响[①]，以考察终极所有权结构与权益资本成本之间的关系如何受制度环境的影响。通过使掠夺具有更大的风险和更高的成本，良好的制度环境质量能够抑制终极控制股东的掠夺行为，减少信息不对称水平（Dyck 和 Zingales，2004；Haw et al.，2004；Hu，2004），进而影响终极所有权结构与权益资本成本之间的关系。制度环境与终极所有权结构之间的交互效应至关重要，这使得我们能够观察终极所有权结构与权益资本成本之间的基本关系如何随着制度环境质量的不同而变化，以及在不同的制度环境中，终极所有权结构与权益资本成本之间的关系有何重要差异。一般来说，制度环境质量的改善，一方

---

① 本章探讨制度环境和终极所有权结构对权益资本成本的交互影响时，以两权分离度作为终极所有权结构的代理变量，主要是因为两权分离度最能够反映终极控制股东和中小股东的代理冲突程度。

面增大了终极控制股东掠夺时的风险和成本，抑制其掠夺行为的发生，从而缓解了代理问题，另一方面减小终极控制股东为了隐藏其财富转移行为而操纵会计信息的可能性，从而缓解信息不对称问题。因此，终极所有权结构与权益资本成本之间的关系依赖于制度环境质量。先前的研究没有把终极所有权结构与制度环境对权益资本成本的交互效应纳入研究框架，无法深刻把握制度环境对权益资本成本的作用机理。本章拟在这一方面作有益补充。

本章理论和实证研究制度环境和两权分离度对权益资本成本的交互影响。本章主要研究地区层面的法律保护、政府行政管理、金融发展、产品市场发育、媒体报道和社会诚信等制度环境与两权分离度的交互项如何影响权益资本成本，探索制度环境影响终极所有权结构与权益资本成本之间关系的机理和途径。

本章后续内容的结构安排如下：第2节是理论分析和研究假设；第3节是实证方案设计；第4节是实证结果分析；第5节是稳健性检验；第6节是本章小结。

6.2　理论分析和研究假设

6.2.1　法律保护和两权分离度对权益资本成本的交互影响

当终极所有权和控制权相分离时，终极控制股东所控制的公司资源超过其在公司中的责任和利益，此时终极控制股东通过关联交易、资产置换和资金借贷等途径转移公司资源后，其所收获的利益要远超过为此承担的损失。这会增强终极控制股东对中小股东进行利益侵占的动机，强化终极控制股东的壕沟效应，导致更为严重的代理冲突，投资者为此需要承担更大的投资风险，进而会推高公司的权益资本成本。而更强的投资者法律保护能够更充分保护股东的合法权益（如知情权和收益权），同时，更强的投资者法律保护对于公司信息披露有着更严格的规范，能够促使公司提高其信息披露水平，缓解中小股东相比终极控制股东的信息不对称（投资者法律保护的作用详细论述见第5章的理论分析）。对于终极控制股东来说，更严格的股东权益保护和更透明的信息披露会降低其掠夺能力和掠夺效率，终极控制股东对中小股东进行利益侵占时会面临更多被揭露和被起诉的风险，最终导致掠夺成本的增加，法律保护实质上削弱了终极控制股东的侵占动机，会弱化终极控制股东两权分离度所引发的对中小股东掠夺的壕沟效应。以上分析表明，更强的投资者法律保护会削弱两权分离度与权益资本成本的正相关关系。

基于以上分析，提出假设1。

假设1：法律保护水平提高会削弱两权分离度与权益资本成本之间的正相关关系。

6.2.2 政府行政管理和两权分离度对权益资本成本的交互影响

政府行政管理水平的评价指标包括政府公正、政府效率、政府干预和政府廉洁（王小鲁等，2013），政府干预是其中最为重要的评价指标之一。政府干预会导致国有公司或其他有政治关联的公司享有更多的优惠政策，这些优惠政策会降低终极控制股东对中小股东的掠夺风险和掠夺成本，具体来说：一是优惠信贷政策能够降低政治关联公司因掠夺行为导致的筹资支出，当终极控制股东占用上市公司的信贷资金时，会侵占到其他中小股东和银行债权方利益，从而可能导致中小股东不再投资于公司、银行不再提供贷款，进而造成公司融资困难，公司必须付出更大成本去筹集资金，但是，在政府干预下银行贷款的金额和利率可能并不会因此受到影响，进而会激励终极控制股东的掠夺行为。二是优惠财税政策能够降低政治关联公司因掠夺行为导致的破产风险，国有公司或有政治关联公司在受到破产威胁时通常能够获得政府的经济援助，从而导致这些公司会形成不良的理性预期（即公司面临破产时政府会进行援助），当终极控制股东因掏空公司资源、掠夺外部投资者导致公司价值受损时，公司将面临更为严重的破产威胁，而政府的经济援助会降低公司所面临的破产威胁，公司为此形成的不良理性预期会激励终极控制股东的掠夺行为。除上述之外，政府干预还可能为国有公司或有政治关联公司的违规行为提供政治庇护。Chaney et al.（2011）研究表明有政治关联的公司其报告的盈余信息质量显著更低，这主要是因为在政府干预下有政治关联的公司披露高质量信息的市场压力较小，政府干预降低了公司因信息披露违规行为可能引发的处罚成本，公司能够承担披露低质量信息所带来的后果，这会激励终极控制股东的盈余操纵行为，加剧中小股东相对终极控制股东的信息不对称。

以上分析表明，政府干预会导致国有公司或有政治关联公司其终极控制股东掠夺风险和掠夺成本的降低，加剧中小股东的信息不对称，相反，减少政府干预会降低国有公司或有政治关联公司所享有的优惠政策和政治庇护，进而会增加终极控制股东的掠夺风险和掠夺成本，减缓中小股东的信息不对称。因此，当更高的两权分离度导致终极控制股东的掠夺动机加剧时，减少政府干预能够有效抑制这种掠夺动机，降低终极控制股东对中小股东的利益侵占，进而降低投资者的投资风险和公司的权益资本成本。换句话说，减少政府干预实质上削弱了两权分离度与权益资本成本之间的正相关关系。

除政府干预会影响终极控制股东外，政府的高效、廉洁和公正同样也会影响终极控制股东。更高的两权分离度会加剧终极控制股东对中小股东的利益侵占，这种侵占行为将面临被揭露和被起诉的法律风险，为降低可能面临的法律风险和掠夺成本，终极控制股东会寻求政府官员的政治庇护，甚至不惜贿赂政府官员。而政府的高效、廉洁和公正能够降低终极控制股东的寻租空间，增加终极控制股东的掠夺风险和掠夺成本，更好保护中小股东的利益，从而降低投资者的投资风险和公司的权益资本成本。

基于以上分析，提出假设2。

假设2：政府行政管理水平提高会削弱两权分离度与权益资本成本之间的正相关关系。

6.2.3　金融发展和两权分离度对权益资本成本的交互影响

金融发展对终极控制股东的影响，具体体现在以下几个方面：首先，金融发展能够促进融资自由化（Demirguc-Kunt 和 Maksimovic，1999；

Bekaert 和 Harvey，2000）。当更高的两权分离度加剧终极控制股东对中小股东的利益侵占，中小股东和债权人等基于风险考虑会减少对公司的投资，从而造成公司的融资困难，公司需要付出更高的成本去筹集资金，但是，在较强的政府干预下终极控制股东仍有可能以较低的成本从银行筹集足够的资金，因此，政府对银行信贷的干预会激励终极控制股东对中小股东的掠夺。而金融发展能够促进融资自由化，融资自由化水平的提高会降低政府对银行信贷的干预，导致终极控制股东侵占中小股东利益时要付出更高的筹资成本，从而抑制终极控制股东的侵占行为。其次，金融发展还能够提高公司信息披露水平及其传播速度。投资者能够从金融市场中更快速地获取到更高质量的公司信息，能更有效地鉴别未来潜在的风险，对终极控制股东的利益侵占将会更加敏感，因此，当更高的两权分离度加剧终极控制股东对中小股东的利益侵占时，其侵占行为将会面临更大的被揭露和被起诉的法律风险，从而能够抑制终极控制股东掠夺行为的发生。再次，金融发展还能培育更多成熟的机构投资者，通过成熟机构投资者的市场参与提高公司信息披露和公司治理水平。当更高的两权分离度加剧终极控制股东对中小股东的利益侵占时，成熟的机构投资者为避免自身利益的受损，会积极参与公司经营管理决策，而相比其他散户投资者，机构投资者所拥有的较高持股比例和更专业的知识对公司决策能够发挥更大的影响力，能够更为显著地影响公司的信息披露和公司治理水平，导致两者的显著提高，进而会增加终极控制股东掠夺时的风险和成本，抑制其掠夺行为。

以上分析表明，当更高的两权分离度加剧终极控制股东对中小股东的利益侵占时，投资者的投资风险会提高，导致公司权益资本成本的上升，而金融发展能够促进融资自由化、提高公司信息披露水平以及培育更多成熟的机构投资者，进而能够抑制终极控制股东的掠夺行为，更好保护中小股东的利益，从而降低投资者的投资风险，推动公司权益资本成本的下降。因此，两权分离度与权益资本成本之间的正相关关系因金融发展而受到了削弱。

基于以上分析，提出假设 3。

假设 3：金融发展水平提高会削弱两权分离度与权益资本成本之间的

正相关关系。

6.2.4　产品市场发育和两权分离度对权益资本成本的交互影响

产品市场发育程度提高会加剧产品市场竞争，而产品市场竞争会产生两种预期效应——信息比较效应和破产威胁效应。当更高的两权分离度加剧终极控制股东对中小股东的利益侵占时，一方面信息比较效应使得外部投资者对于公司业绩有更清晰的判断，对公司业绩更加敏感，因为产品市场竞争可以为投资者寻找到更多的公司竞争对手作为参考标准。如果终极控制股东因为掏空公司资源、侵占中小股东利益导致公司业绩下降，此时敏感的投资者会施压于董事会或采取抛售股票等方式来抑制终极控制股东的掠夺行为。另外，破产威胁效应使得终极控制股东因为掠夺行为将面临更为严重的破产威胁。终极控制股东的掠夺行为会影响公司业绩，导致公司价值下降，在激烈的产品市场竞争环境下将面临更严重的破产威胁，为使公司能够持续经营下去，以维护终极控制股东的长远利益，终极控制股东会抑制其掠夺行为。

产品市场竞争有助于完善市场定价机制，市场价格将更加合理和透明，进而会影响到终极控制股东。具体来说，当更高的两权分离度加剧终极控制股东对中小股东的利益侵占时，更激烈的产品市场竞争通过完善市场定价机制来抑制终极控制股东的掠夺，因为在更完善的市场定价机制下市场价格更加透明和合理，这会增加终极控制股东通过关联交易和资产置换等非公平价格方式转移公司资源的难度，增加其掠夺风险和掠夺成本，进而抑制终极控制股东的掠夺行为。

产品市场竞争还有助于提高公司信息披露水平。更激烈的产品市场竞争会加剧市场资源的争夺，为能够在有限资源（如资金和技术等）的争夺中抢得先机，公司会通过提高信息披露水平来吸引资源供给者的关注，以体现与竞争对手的差别。Birt et al.（2006）研究发现产品市场竞争程度与信息披露水平存在正相关关系。当更高的两权分离度加剧终极控制股东对中小股东的利益侵占时，信息披露水平的提高会增加终极控制股东掠夺行为被揭露和被起诉的法律风险，进而抑制终极控制股东对中小股东的掠夺。

以上分析表明，产品市场发育程度提高会加剧产品市场竞争，当更高的两权分离度加剧终极控制股东对中小股东的利益侵占时，投资者投资风险会提高，导致权益资本成本上升，而产品市场竞争能够产生信息比较效应和破产威胁效应、完善市场定价机制以及提高公司信息披露水平，进而抑制终极控制股东的掠夺行为，更好保护中小股东的利益，从而降低投资者的投资风险，促使公司权益资本成本的下降。因此，两权分离度与权益资本成本之间的正相关关系因产品市场发育程度提高而受到削弱。

基于以上分析，提出假设4。

假设4：产品市场发育程度提高会削弱两权分离度与权益资本成本之间的正相关关系。

6.2.5 媒体报道和两权分离度对权益资本成本的交互影响

在中国投资者法律保护、行政管理体制和产权制度等正式制度安排无法充分保护投资者利益的前提下，媒体报道具有公司治理和保护投资者利益的作用。当更高的两权分离度加剧终极控制股东对中小股东的利益侵占时，媒体报道能够通过声誉机制和信息传播机制影响投资者、终极控制股东和政府等市场参与主体。首先，媒体通过专业团队广泛收集终极控制股东的掠夺行为信息，并通过信息传播机制把终极控制股东的负面消息传播给广大投资者，投资者为维护自身的合法权益会通过施压于董事会或抛售股票等方式来抑制终极控制股东的掠夺。其次，媒体报道通过声誉机制和信息传播机制传播终极控制股东的负面新闻后，会影响这些终极控制股东在投资者和社会公众心目中的形象，导致其社会声誉或个人声誉下跌，进而降低这些法人终极控制股东的业绩水平或自然人终极控制股东的个人薪酬，这同样有助于抑制终极控制股东的掠夺。最后，媒体报道终极控制股东的负面新闻，会形成一股强大的社会舆论压力，促使政府监管部门介入并纠正终极控制股东的违规行为，并进一步完善相关的法律法规以遏制相类似的违规行为，这会给终极控制股东的侵占行为带来更大的侵占风险和侵占成本，进而抑制其对中小股东的利益侵占。以上分析表明，当更高的两权分离度加剧终极控制股东对中小股东的利益侵占时，投资者的投资风险会上升，导致公司权益资本成本的提高，而媒体报道能够抑制终极控制股东的掠夺行为，更好地保护投资者的利益，从而降低投资者的投资风险，进而降低公司的权益资本成本。因此，两权分离度与权益资本成本之间的正相关关系因媒体报道而受到了削弱。

基于以上分析，提出假设5。

假设5：媒体报道水平提高会削弱两权分离度与权益资本成本之间的正相关关系。

6.2.6　社会诚信和两权分离度对权益资本成本的交互影响

社会诚信作为公司治理机制的非正式制度，能够缓解公司的代理冲突。当更高的两权分离度加剧终极控制股东对中小股东的利益侵占时，社会诚信能够抑制其掠夺行为的发生，因为在一个良好的社会诚信环境下，社会民众对掠夺行为的负面消息更加敏感，这些负面消息也更容易引起投资者的关注并被广泛传播，终极控制股东的掠夺会因此受到广大投资者的唾弃，投资者会认为这些掠夺行为是"一颗老鼠屎坏了一锅粥"，是在破坏整个社会的良好投资环境，投资者会以拒绝购买或抛售股票等手段来拒绝对公司的投资，从而增加公司的融资困难，导致终极控制股东掠夺时面临的成本增加，进而对中小股东的利益掠夺受到抑制。因此，当更高的两权分离度加剧终极控制股东对中小股东的利益侵占时，投资者的投资风险会因此而提高，导致公司权益资本成本的上升，而良好的社会诚信环境能够抑制终极控制股东对中小股东的掠夺行为，从而导致两权分离度与权益资本成本之间的正相关关系受到良好社会诚信环境的削弱。

基于以上分析，提出假设6。

假设6：社会诚信水平提高会削弱两权分离度与权益资本成本之间的正相关关系。

6.3 ——————— 实证方案设计 ———————

6.3.1 研究变量定义

1）因变量

与上一章相同，本书采用 COE_PEG、COE_MPEG 和 COE_OJ 三者平均数来度量权益资本成本（COE）。

2）解释变量

与上一章相同，本章定义了法律保护水平（Law）、政府行政管理水平（Gov）、金融发展水平（Fin）、产品市场发育程度（Product）、媒体报道水平（Media）和社会诚信水平（Honesty）等六个制度环境变量，具体定义见表6-1。为检验制度环境和两权分离度对权益资本成本的交互影响，本章还设置了六个交互项：（1）Law×Separ 定义为法律保护水平（Law）与两权分离度（Separ）的乘积；（2）Gov×Separ 定义为政府行政管理水平（Gov）与两权分离度（Separ）的乘积；（3）Fin×Separ 定义为金融发展水平（Fin）与两权分离度（Separ）的乘积；（4）Product×Separ 定义为产品市场竞争程度（Product）与两权分离度（Separ）的乘积；（5）Media×Separ 定义为媒体报道水平（Media）与两权分离度（Separ）的乘积；（6）Honesty×Separ 定义为社会诚信水平（Honesty）与两权分离度（Separ）的乘积。解释变量的详细定义见表6-1。

表6-1　　　　　　　　　**解释变量定义**

变量名称	变量符号	变量定义
两权分离度	Separ	上市公司终极控制股东的控制权减所有权
法律保护水平	Law	《经营环境指数》中的法制环境指数
政府行政管理水平	Gov	《经营环境指数》中的政府行政管理指数

变量名称	变量符号	变量定义
金融发展水平	Fin	《经营环境指数》中的金融服务指数
产品市场竞争程度	Product	《市场化指数》中的产品市场发育程度指数
媒体报道水平	Media	人均日报占有率的自然对数
社会诚信水平	Honesty	《经营环境指数》中的诚信社会环境指数
法律保护水平与两权分离度的交互项	Law×Separ	法律保护水平与两权分离度的乘积
政府行政管理水平与两权分离度的交互项	Gov×Separ	政府行政管理水平与两权分离度的乘积
金融发展水平与两权分离度的交互项	Fin×Separ	金融发展水平与两权分离度的乘积
产品市场竞争程度与两权分离度的交互项	Product×Separ	产品市场竞争程度与两权分离度的乘积
媒体报道水平与两权分离度的交互项	Media×Separ	媒体报道水平与两权分离度的乘积
社会诚信水平与两权分离度的交互项	Honesty×Separ	社会诚信水平与两权分离度的乘积

135

3）控制变量

与上一章相同，本章的实证检验控制了如下变量，详细定义见表6-2。

表6-2　　　　　　　　　　控制变量定义

变量名称	变量符号	变量定义
贝塔系数	Beta	当年股票贝塔值
公司规模	Lnassets	年末总资产的自然对数
账面市值比	Bm	股东权益账面价值与其市场价值的比率
经营风险	Oprisk	年末非流动资产与年末总资产的比率
财务风险	Finrisk	年末总负债与年末总资产的比率
换手率	Turnover	年成交股数与年末流通股总股数的比率
盈利性	Roa	年净利润与年末总资产的比率
资产周转率	Assturn	年营业收入与年末总资产的比率

变量名称	变量符号	变量定义
成长性	Incomegrow	年营业收入增长率
股利支付率	Rdiv	年现金股利总额与年净利润的比率
股权集中度	Hfd	年末第一至第五大股东持股比例的平方和
年份	Year	设置2005—2013年每一年的虚拟变量
行业	Industry	设置20个行业的虚拟变量

6.3.2 实证模型构建

为实证检验两权分离度与权益资本成本之间的关系是否依赖制度环境质量，本章构建了如下检验模型：

$$COE = \beta_0 + \beta_1 Separ + \beta_2 System + \beta_3 System \times Separ + \sum (\lambda Control\_Variable) + \varepsilon \tag{6-1}$$

其中，COE为权益资本成本，$\beta_0 \sim \beta_3$ 和 λ 为实证检验模型的系数，Separ为两权分离度，System为制度环境变量，具体包括法律保护水平（Law）、政府行政管理水平（Gov）、金融发展水平（Fin）、产品市场发育程度（Product）、媒体报道水平（Media）和社会诚信水平（Honesty），System×Separ为制度环境变量和两权分离度的交互项，Control_Variable是控制变量，ε 是随机误差项。变量详细定义见表6-1和表6-2。

6.3.3 样本选择和数据来源

本章的样本选择和数据来源与上一章相同，在此不再赘述。

6.4 实证结果分析

表6-3是制度环境、两权分离度与权益资本成本的回归结果。通过Breusch-Pagan检验（Breusch和Pagan，1980）、Hausman检验和Sargan-Hansen过度识别检验发现，模型（1）至模型（6）都不适合使用混合效应和随机效应模型，为此本书采用了个体固定效应模型。总的来看，表的模型（1）至模型（6）中，调整后 R^2 介于0.324至0.327之间，表明模型

（1）至模型（6）中的解释变量和控制变量能够解释权益资本成本32.4%至32.7%的变异；F统计量在1%水平上全部高度显著，表明模型系数整体显著；Wald检验1和Wald检验2中的F统计量都在1%水平高度显著，表明年份和行业对权益资本成本有着显著的影响；控制变量系数符号与已有文献研究发现基本一致，符合理论预期。此外，模型（1）至模型（6）的多重共线性检测发现，所有解释变量和控制变量的方差膨胀因子（VIF）都显著小于10，可以判定实证模型不存在多重共线性。

在模型（1）中，法律保护水平与两权分离度的交互项（Law×Separ）系数在1%水平上显著为负，表明法律保护水平提高削弱了两权分离度与权益资本成本之间的正相关关系，验证了假设1。这一实证结果说明，法律保护水平提高能够更充分保护中小股东的合法权益，提高公司信息披露的规范化水平，从而增加终极控制股东掠夺时面临的法律风险和掠夺成本，进而抑制其掠夺行为，因此，法律保护水平提高会削弱两权分离度与权益资本成本之间的正相关关系。

在模型（2）中，政府行政管理水平与两权分离度的交互项（Gov×Separ）系数在1%水平上显著为负，表明政府行政管理水平提高削弱了两权分离度与权益资本成本之间的正相关关系，验证了假设2。这一实证结果说明，减少政府干预会降低国有公司或有政治关联公司所享有的优惠政策和政治庇护，同时政府的高效、廉洁和公正也会降低终极控制股东的寻租空间，从而增加终极控制股东掠夺时面临的法律风险和掠夺成本，进而抑制其掠夺行为，因此，政府行政管理水平提高会削弱两权分离度与权益资本成本之间的正相关关系。

在模型（3）中，金融发展水平与两权分离度的交互项（Fin×Separ）系数在5%水平上显著为负，表明金融发展水平提高削弱了两权分离度与权益资本成本之间的正相关关系，验证了假设3。这一实证结果说明，金融发展能够促进融资自由化、提高公司信息披露水平以及培育更多成熟的机构投资者，当终极控制股东进行掠夺时将面临更高的法律风险和掠夺成本，进而能够抑制其掠夺行为，更好保护中小股东的利益，因此，金融发展水平提高会削弱两权分离度与权益资本成本之间的正相关关系。

在模型（4）中，产品市场发育程度与两权分离度的交互项

（Product×Separ）系数在1%水平上显著为负，表明产品市场发育程度提高削弱了两权分离度与权益资本成本之间的正相关关系，验证了假设4。这一实证结果说明，产品市场发育程度提高会加剧产品市场竞争，而产品市场竞争的加剧会产生更强的信息比较效应和破产威胁效应，有助于完善市场定价机制以及提高公司信息披露水平，进而增加终极控制股东掠夺时面临的法律风险和掠夺成本，抑制其掠夺行为，因此，产品市场发育程度提高会削弱两权分离度与权益资本成本之间的正相关关系。

模型（5）中，媒体报道水平与两权分离度的交互项（Media×Separ）系数在1%水平上显著为负，表明媒体报道水平提高削弱了两权分离度与权益资本成本之间的正相关关系，验证了假设5。这一实证结果说明，媒体报道能够通过声誉机制和信息传播机制影响投资者、终极控制股东和政府等市场参与主体，缓解投资者相对终极控制股东的信息不对称，影响媒体报道对象的个人声誉或社会声誉，造成社会舆论压力影响政府监管部门介入报道事件，进而增加终极控制股东掠夺时面临的法律风险和掠夺成本，抑制其掠夺行为，因此，媒体报道水平提高会削弱两权分离度与权益资本成本之间的正相关关系。

模型（6）中，社会诚信水平与两权分离度的交互项（Honesty×Separ）系数在1%水平上显著为负，表明社会诚信水平提高削弱了两权分离度与权益资本成本之间的正相关关系，验证了假设6。这一实证结果说明，社会诚信水平提高会增加社会民众对终极控制股东掠夺行为的敏感度，导致掠夺行为的负面消息更容易引起投资者的关注并被广泛传播，从而增加终极控制股东掠夺时面临的法律风险和掠夺成本，进而抑制其掠夺行为，因此，社会诚信水平提高会削弱两权分离度与权益资本成本之间的正相关关系。

表6-3　制度环境、两权分离度与权益资本成本的多元回归结果

变量	(1)	(2)	(3)	(4)	(5)	(6)
Separ	0.001** (2.249)	0.002** (2.479)	0.002*** (2.605)	0.002*** (3.350)	0.002*** (2.715)	0.002*** (2.714)
Law	−0.031*** (−4.409)					
Law×Separ	−0.012*** (−3.553)					
Gov		−0.017** (−2.513)				
Gov×Separ		−0.008*** (−2.628)				

续表

变量	(1)	(2)	(3)	(4)	(5)	(6)
Fin			-0.024^{***}			
			(-5.017)			
Fin×Separ			-0.003^{**}			
			(-2.371)			
Product				-0.003^{***}		
				(-3.684)		
Product×Separ				-0.001^{***}		
				(-2.937)		
Media					-0.004^{**}	
					(-2.510)	
Media×Separ					-0.003^{***}	
					(-3.431)	
Honesty						-0.015^{***}
						(-2.827)
Honesty×Separ						-0.008^{***}
						(-2.822)
Beta	0.004^{*}	0.004^{*}	0.004^{*}	0.004^{**}	0.004^{**}	0.004^{*}
	(1.821)	(1.954)	(1.855)	(2.107)	(2.155)	(1.903)
Lnassets	-0.000	-0.000	-0.000	-0.000	-0.000	-0.000
	(-0.376)	(-0.400)	(-0.274)	(-0.212)	(-0.012)	(-0.409)
Bm	0.047^{***}	0.047^{***}	0.047^{***}	0.047^{***}	0.046^{***}	0.047^{***}
	(22.041)	(22.030)	(22.099)	(22.143)	(21.941)	(22.041)
Oprisk	0.003	0.003	0.004	0.002	0.002	0.003
	(0.830)	(0.771)	(0.910)	(0.518)	(0.572)	(0.793)
Finrisk	0.070^{***}	0.070^{***}	0.070^{***}	0.071^{***}	0.071^{***}	0.069^{***}
	(16.665)	(16.642)	(16.676)	(17.039)	(17.049)	(16.581)
Turnover	-0.000^{***}	-0.000^{***}	-0.000^{***}	-0.000^{***}	-0.000^{***}	-0.000^{***}
	(-2.591)	(-2.643)	(-2.722)	(-2.793)	(-2.738)	(-2.695)
Roa	-0.110^{***}	-0.110^{***}	-0.109^{***}	-0.112^{***}	-0.111^{***}	-0.110^{***}
	(-17.521)	(-17.563)	(-17.479)	(-17.888)	(-17.822)	(-17.506)
Assturn	-0.001	-0.001	-0.001	-0.002	-0.002	-0.001
	(-0.958)	(-0.984)	(-0.902)	(-1.118)	(-1.138)	(-0.962)
Incomegrow	-0.004^{***}	-0.003^{***}	-0.003^{***}	-0.003^{***}	-0.004^{***}	-0.003^{***}
	(-4.729)	(-4.677)	(-4.636)	(-4.662)	(-4.796)	(-4.637)
Rdiv	0.004^{***}	0.004^{***}	0.004^{***}	0.004^{***}	0.004^{***}	0.004^{***}
	(2.800)	(2.759)	(2.897)	(2.886)	(2.834)	(2.807)
Hfd	-0.020^{***}	-0.020^{***}	-0.020^{***}	-0.024^{***}	-0.024^{***}	-0.020^{***}
	(-3.051)	(-3.070)	(-2.966)	(-3.637)	(-3.584)	(-3.093)
Constant	0.098^{***}	0.055^{*}	0.062^{**}	0.039	0.023	0.047
	(3.039)	(1.707)	(2.334)	(1.617)	(0.960)	(1.617)
Year	控制	控制	控制	控制	控制	控制
Industry	控制	控制	控制	控制	控制	控制
调整后 R^2	0.327	0.326	0.327	0.324	0.324	0.326
F统计量	135.9	135.2	135.9	136.0	135.9	135.3
Wald检验1	113.373	107.272	67.750	141.675	141.592	118.160
Wald检验2	2.698	2.629	2.607	3.210	3.257	2.611

注：表中括号内数字是回归系数的双尾 T 检验的 T 值；回归系数上标***、**、* 分别表示对应回归系数通过 1%、5%、10% 的显著性水平检验；Wald 检验 1 是年份虚拟变量联合显著性 Wald 检验的 F 统计量，Wald 检验 2 是行业虚拟变量联合显著性 Wald 检验的 F 统计量；为避免多重共线性，在制度环境变量与两权分离度进行交互时，先分别对制度环境变量与两权分离度进行了中心化处理（即变量减其平均数）；所有解释变量和控制变量的方差膨胀因子（Vif）都显著小于 10。

6.5 ——————— 稳健性检验 ———————

6.5.1 关于权益资本成本度量模型调整的稳健性检验

前文实证结果使用COE_PEG、COE_MPEG和COE_OJ三者的平均数来度量权益资本成本，稳健性检验分别单独使用三个变量来度量权益资本成本，以测试权益资本成本度量模型的调整是否会改变制度环境和两权分离度对权益资本成本的交互影响。表6-4是采用COE_OJ度量权益资本成本时的检验结果。在表6-4中，Law×Separ、Gov×Separ、Fin×Separ、Product×Separ、Media×Separ和Honesty×Separ系数符号和显著性水平与表6-3中的实证结果基本一致，表明前文实证结果是稳健的。采用COE_PEG和COE_MPEG度量权益资本成本时的稳健性检验结果也同样与表6-3中的实证结果基本一致（限于篇幅，正文中并未报告）。

表6-4　　　**关于权益资本成本度量模型调整的稳健性检验**

变量	(1)	(2)	(3)	(4)	(5)	(6)
Separ	0.002** (2.434)	0.002*** (2.794)	0.002*** (2.692)	0.004*** (4.800)	0.003*** (4.056)	0.002*** (3.198)
Law	−0.032*** (−3.761)					
Law×Separ	−0.028*** (−7.002)					
Gov		−0.022*** (−2.678)				
Gov×Separ		−0.021*** (−5.524)				
Fin			−0.021*** (−3.677)			
Fin×Separ			−0.010*** (−5.823)			
Product				−0.002** (−2.086)		
Product×Separ				−0.002*** (−3.648)		
Media					−0.005** (−2.573)	
Media×Separ					−0.005*** (−4.402)	
Honesty						−0.021*** (−3.320)
Honesty×Separ						−0.021*** (−6.084)

变量	(1)	(2)	(3)	(4)	(5)	(6)
Beta	0.006**	0.006**	0.006**	0.006**	0.006***	0.006**
	(2.381)	(2.484)	(2.409)	(2.548)	(2.630)	(2.415)
Lnassets	−0.002	−0.002	−0.002	−0.001	−0.001	−0.002
	(−1.310)	(−1.405)	(−1.254)	(−0.837)	(−1.063)	(−1.443)
Bm	0.052***	0.052***	0.052***	0.052***	0.052***	0.052***
	(19.882)	(19.779)	(19.834)	(20.033)	(19.879)	(19.894)
Oprisk	0.001	0.001	0.002	−0.001	−0.001	0.001
	(0.259)	(0.186)	(0.331)	(−0.178)	(−0.123)	(0.132)
Finrisk	0.066***	0.066***	0.065***	0.068***	0.068***	0.065***
	(12.543)	(12.571)	(12.464)	(12.947)	(13.018)	(12.451)
Turnover	−0.000**	−0.000**	−0.001**	−0.000**	−0.000**	−0.001**
	(−2.448)	(−2.489)	(−2.547)	(−2.407)	(−2.375)	(−2.552)
Roa	−0.117***	−0.118***	−0.117***	−0.118***	−0.117***	−0.117***
	(−13.918)	(−14.040)	(−13.916)	(−14.145)	(−14.026)	(−13.969)
Assturn	0.002	0.002	0.001	0.001	0.002	0.002
	(0.845)	(0.845)	(0.726)	(0.723)	(0.802)	(0.903)
Incomegrow	−0.001	−0.001	−0.001	−0.001	−0.001	−0.001
	(−1.167)	(−1.131)	(−1.024)	(−0.981)	(−1.131)	(−1.056)
Rdiv	0.002	0.002	0.003	0.002	0.002	0.003
	(1.384)	(1.343)	(1.573)	(1.369)	(1.338)	(1.433)
Hfd	−0.001	−0.002	−0.001	−0.005	−0.005	−0.002
	(−0.101)	(−0.254)	(−0.091)	(−0.577)	(−0.561)	(−0.243)
Constant	0.074*	0.040	0.028	0.004	−0.005	0.035
	(1.846)	(1.024)	(0.841)	(0.118)	(−0.153)	(0.989)
Year	控制	控制	控制	控制	控制	控制
Industry	控制	控制	控制	控制	控制	控制
调整后 R^2	0.169	0.166	0.167	0.163	0.164	0.167
F统计量	68.26	67.46	67.77	67.15	67.43	67.78
Wald检验1	40.656	39.422	34.551	41.638	42.416	41.530
Wald检验2	1.799	1.706	1.737	1.774	1.748	1.747

注：表中括号内数字是回归系数的双尾 T 检验的 T 值；回归系数上标***、**、* 分别表示对应回归系数通过 1%、5%、10%的显著性水平检验；Wald检验 1 是年份虚拟 变量联合显著性 Wald 检验的 F 统计量，Wald 检验 2 是行业虚拟变量联合显著性 Wald 检验的 F 统计量；为避免多重共线性，在制度环境变量与两权分离度进行交互时，先 分别对制度环境变量与两权分离度进行了中心化处理（即变量减其平均数）；所有解 释变量和控制变量的方差膨胀因子（Vif）都显著小于 10。

6.5.2 关于参数估计方法调整的稳健性检验

与前文相同，使用Driscoll-Kraay参数估计方法（Driscoll和Kraay，1998）估计实证模型（该参数估计方法在面板模型存有异方差和序列相关时仍然稳健），以测试参数估计方法的调整是否会改变制度环境和两权分离度对权益资本成本的交互影响。具体稳健性检验结果见表6-5。在表6-5中，Law×Separ、Gov×Separ、Fin×Separ、Product×Separ、Media×Separ和Honesty×Separ系数符号和显著性水平与表6-3中的实证结果基本一致，进一步说明前文实证结果是稳健的。

表6-5　　　　　　　　关于参数估计方法调整的稳健性检验

变量	(1)	(2)	(3)	(4)	(5)	(6)
Separ	0.001^{***}	0.002^{***}	0.002^{***}	0.002^{***}	0.002^{***}	0.002^{***}
	(3.142)	(3.207)	(2.958)	(4.114)	(4.418)	(4.112)
Law	-0.031^{***}					
	(−3.566)					
Law×Separ	-0.012^{***}					
	(−4.874)					
Gov		-0.017^{***}				
		(−4.436)				
Gov×Separ		-0.008^{***}				
		(−4.097)				
Fin			-0.024^{***}			
			(−3.519)			
Fin×Separ			-0.003^{***}			
			(−3.499)			
Product				-0.003^{***}		
				(−4.579)		
Product×Separ				-0.001^{***}		
				(−3.315)		
Media					-0.004^{***}	
					(−2.601)	
Media×Separ					-0.003^{***}	
					(−4.692)	
Honesty						-0.015^{***}
						(−3.515)
Honesty×Separ						-0.008^{***}
						(−6.767)

变量	(1)	(2)	(3)	(4)	(5)	(6)
Beta	0.004	0.004	0.004	0.004	0.004	0.004
	(1.257)	(1.318)	(1.287)	(1.409)	(1.424)	(1.282)
Lnassets	−0.000	−0.000	−0.000	−0.000	−0.000	−0.000
	(−0.235)	(−0.250)	(−0.172)	(−0.134)	(−0.008)	(−0.256)
Bm	0.047***	0.047***	0.047***	0.047***	0.046***	0.047***
	(10.716)	(10.620)	(10.571)	(10.345)	(10.356)	(10.596)
Oprisk	0.003	0.003	0.004	0.002	0.002	0.003
	(0.464)	(0.426)	(0.524)	(0.291)	(0.325)	(0.441)
Finrisk	0.070***	0.070***	0.070***	0.071***	0.071***	0.069***
	(8.256)	(8.208)	(8.198)	(8.365)	(8.478)	(8.183)
Turnover	−0.000***	−0.000***	−0.000***	−0.000***	−0.000***	−0.000***
	(−3.383)	(−3.638)	(−3.555)	(−4.358)	(−3.913)	(−3.756)
Roa	−0.110**	−0.110*	−0.109*	−0.112**	−0.111**	−0.110**
	(−2.228)	(−2.225)	(−2.230)	(−2.255)	(−2.254)	(−2.233)
Assturn	−0.001*	−0.001	−0.001	−0.002*	−0.002*	−0.001*
	(−1.653)	(−1.693)	(−1.655)	(−1.913)	(−1.938)	(−1.672)
Incomegrow	−0.004***	−0.003***	−0.003***	−0.003***	−0.004***	−0.003***
	(−2.913)	(−2.882)	(−2.899)	(−2.883)	(−2.892)	(−2.856)
Rdiv	0.004***	0.004***	0.004***	0.004***	0.004***	0.004***
	(2.899)	(2.865)	(2.939)	(2.856)	(2.878)	(2.935)
Hfd	−0.020***	−0.020***	−0.020***	−0.024***	−0.024***	−0.020***
	(−3.895)	(−3.779)	(−3.622)	(−4.278)	(−4.183)	(−3.808)
Constant	0.098***	0.055**	0.062	0.039	0.023	0.047
	(3.083)	(2.181)	(1.635)	(1.193)	(0.702)	(1.309)
Year	控制	控制	控制	控制	控制	控制
Industry	控制	控制	控制	控制	控制	控制
组内 R^2	0.418	0.417	0.418	0.415	0.415	0.417
F统计量	312.4	328.0	354.2	553.4	547.4	347.8
Wald检验1	4 035.47	10 934.03	13 902.21	5 941.12	5 925.55	8 495.02
Wald检验2	19.088	19.560	19.067	30.729	32.620	17.297

注：表中括号内数字是回归系数的双尾 T 检验的 T 值；回归系数上标 ***、**、*
分别表示对应回归系数通过 1%、5%、10%的显著性水平检验；Wald 检验 1 是年份虚拟
变量联合显著性 Wald 检验的 F 统计量，Wald 检验 2 是行业虚拟变量联合显著性 Wald
检验的 F 统计量；为避免多重共线性，在制度环境变量与两权分离度进行交互时，先
分别对制度环境变量与两权分离度进行了中心化处理（即变量减其平均数）；所有解
释变量和控制变量的方差膨胀因子（Vif）都显著小于 10。

6.5.3　关于回归样本调整的稳健性检验

如前文所述，本书的 2004—2013 年制度环境数据主要来自于《经营环境指数》和《市场化指数》。但《经营环境指数》只有 2006—2012 年的数据，《市场化指数》只有截止到 2009 年的数据，而其他年份的制度环境数据实际上是取自于前后相邻年份的数据。因此，基于稳健性考虑，来自于《经营环境指数》的法律保护水平（Law）、政府行政管理水平（Gov）、金融发展水平（Fin）和社会诚信水平（Honesty）样本年份调整为 2006—2012 年，来自于《市场化指数》的产品市场发育程度（Product）样本年份调整为 2004—2009 年，以测试样本年份的调整是否会改变制度环境和两权分离度对权益资本成本的交互影响。具体稳健性检验结果见表 6-6。表中的 Law×Separ、Gov×Separ、Fin×Separ、Product×Separ 和 Honesty×Separ 系数符号和显著性水平与表 6-3 中的实证结果基本一致，再次说明前文实证结果是稳健的。

表 6-6　　　　　　　　　　**关于回归样本调整的稳健性检验**

变量	(1)	(2)	(3)	(4)	(5)
Separ	0.002***	0.002***	0.002***	0.002***	0.002***
	(2.692)	(2.697)	(2.754)	(2.622)	(2.761)
Law	−0.020**				
	(−2.554)				
Law×Separ	−0.017***				
	(−3.808)				
Gov		−0.014*			
		(−1.826)			
Gov×Separ		−0.011**			
		(−2.435)			
Fin			−0.016***		
			(−3.041)		
Fin×Separ			−0.006***		
			(−2.673)		
Product				−0.003**	
				(−2.358)	
Product×Separ				−0.001**	
				(−2.068)	

续表

变量	(1)	(2)	(3)	(4)	(5)
Honesty					−0.011*
					(−1.894)
Honesty×Separ					−0.009**
					(−2.406)
Beta	0.001	0.001	0.001	0.005	0.001
	(0.517)	(0.516)	(0.514)	(1.618)	(0.539)
Lnassets	−0.000	−0.000	−0.000	−0.004*	−0.001
	(−0.323)	(−0.335)	(−0.313)	(−1.788)	(−0.391)
Bm	0.043***	0.043***	0.043***	0.039***	0.043***
	(17.106)	(17.053)	(17.093)	(11.528)	(17.035)
Oprisk	0.006	0.006	0.006	0.008	0.006
	(1.213)	(1.205)	(1.229)	(1.109)	(1.228)
Finrisk	0.063***	0.063***	0.063***	0.033***	0.063***
	(12.657)	(12.651)	(12.662)	(4.491)	(12.634)
Turnover	−0.000**	−0.000**	−0.000**	−0.000	−0.000**
	(−2.030)	(−2.056)	(−2.096)	(−1.145)	(−2.101)
Roa	−0.060***	−0.060***	−0.060***	−0.214***	−0.060***
	(−7.881)	(−7.885)	(−7.866)	(−19.350)	(−7.867)
Assturn	−0.001	−0.001	−0.001	0.003	−0.001
	(−0.811)	(−0.870)	(−0.814)	(1.102)	(−0.842)
Incomegrow	−0.002***	−0.002***	−0.002***	−0.003**	−0.002***
	(−2.997)	(−2.958)	(−2.967)	(−2.271)	(−2.942)
Rdiv	0.003	0.003*	0.003*	0.002	0.003*
	(1.627)	(1.671)	(1.695)	(0.965)	(1.685)
Hfd	−0.014	−0.014	−0.014	−0.010	−0.014
	(−1.545)	(−1.542)	(−1.555)	(−0.886)	(−1.551)
Constant	0.072*	0.052	0.050	−0.061	0.042
	(1.859)	(1.364)	(1.546)	(−1.179)	(1.190)
Year	控制	控制	控制	控制	控制
Industry	控制	控制	控制	控制	控制
调整后R²	0.349	0.347	0.348	0.118	0.347
F统计量	117.6	117.0	117.4	49.41	117.1
Wald检验1	137.095	128.865	89.205	74.603	134.194
Wald检验2	1.554	1.587	1.542	1.902	1.562

注：表中括号内数字是回归系数的双尾T检验的T值；回归系数上标***、**、* 分别表示对应回归系数通过1%、5%、10%的显著性水平检验；Wald检验1是年份虚拟变量联合显著性Wald检验的F统计量，Wald检验2是行业虚拟变量联合显著性Wald检验的F统计量；为避免多重共线性，在制度环境变量与两权分离度进行交互时，先分别对制度环境变量与两权分离度进行了中心化处理（即变量减其平均数）；所有解释变量和控制变量的方差膨胀因子（Vif）都显著小于10。

6.5.4 关于制度环境综合得分的稳健性检验

为检验制度环境综合得分对权益资本成本的影响，以及制度环境综合得分与两权分离度对权益资本成本的交互影响，本章对法律保护水平（Law）、政府行政管理水平（Gov）、金融发展水平（Fin）、产品市场发育程度（Product）、媒体报道水平（Media）和社会诚信水平（Honesty）进行了因子分析，从中提取保留了三个因子，它们的累计方差贡献率为91.55%。本章还对因子分析进行了 KMO 检验（Kaiser-Meyer-Olkin 检验），检验结果的总体 KMO 值为 0.85，表明样本数据非常适合因子分析。根据保留的三个因子，先求出各观测值的三个因子得分，然后以三个因子的方差贡献率为权数求出三个因子得分的加权平均数，该平均数即为制度环境综合得分。表6-7为各省份制度环境综合得分的平均数及排名（如前文所述，因数据缺乏未包括西藏和青海）。从表中可见，制度环境综合得分最高的五个地区依次是上海、浙江、天津、江苏和广东，最低的五个地区依次是宁夏、甘肃、新疆、陕西和云南。

表6-7　　**各地区制度环境综合得分的平均数及排名**

地区	平均得分	排名	地区	平均得分	排名	地区	平均得分	排名
上海	0.833	1	辽宁	−0.107	11	广西	−0.650	21
浙江	0.797	2	重庆	−0.208	12	海南	−0.659	22
天津	0.693	3	四川	−0.246	13	湖南	−0.682	23
江苏	0.488	4	湖北	−0.261	14	贵州	−0.720	24
广东	0.215	5	河南	−0.311	15	云南	−0.744	25
福建	0.203	6	黑龙江	−0.422	16	陕西	−0.775	26
北京	0.170	7	河北	−0.427	17	新疆	−0.891	27
山东	0.079	8	江西	−0.464	18	甘肃	−0.962	28
安徽	0.044	9	山西	−0.476	19	宁夏	−0.991	29
吉林	−0.055	10	内蒙古	−0.514	20			

表6-8是关于制度环境综合得分的稳健性检验结果。从表中可见，无论是在模型（1）还是在模型（2）中，制度环境综合得分（System）系数都在1%水平上显著为负，表明制度环境质量的总体改善会显著降低公司的权益资本成本，这与第5章的假设1至假设6一致。在模型（2）中可

见，制度环境综合得分和两权分离度的交互项（System×Separ）系数在1%水平上显著为负，表明制度环境质量的总体改善会削弱两权分离度与权益资本成本之间的正相关关系。因此，关于制度环境综合得分的稳健性检验结果再次说明第5章和第6章的实证结果是稳健的。

表6-8 关于制度环境综合得分的稳健性检验

变量	(1)	(2)
System	-0.011^{***}	-0.012^{***}
	(-5.116)	(-5.453)
Separ		0.001^{**}
		(2.142)
System×Separ		-0.003^{***}
		(-3.472)
Beta	0.003^{*}	0.004^{*}
	(1.672)	(1.829)
Lnassets	0.001	0.000
	(0.583)	(0.357)
Bm	0.047^{***}	0.047^{***}
	(22.261)	(22.061)
Oprisk	0.003	0.003
	(0.816)	(0.770)
Finrisk	0.071^{***}	0.070^{***}
	(17.049)	(16.740)
Turnover	-0.000^{**}	-0.000^{***}
	(-2.565)	(-2.671)
Roa	-0.111^{***}	-0.109^{***}
	(-17.781)	(-17.456)
Assturn	-0.001	-0.001
	(-0.595)	(-0.933)
Incomegrow	-0.004^{***}	-0.003^{***}
	(-4.958)	(-4.724)
Rdiv	0.004^{***}	0.004^{***}
	(2.883)	(2.858)
Hfd	-0.022^{***}	-0.021^{***}
	(-3.358)	(-3.167)
Constant	-0.006	-0.002
	(-0.262)	(-0.086)
Year	控制	控制
Industry	控制	控制
调整后 R^2	0.328	0.328
F统计量	144.5	136.3
Wald检验1	99.632	99.813
Wald检验2	2.544	2.583

注：表中括号内数字是回归系数的双尾T检验的T值；回归系数上标***、**、*分别表示对应回归系数通过1%、5%、10%的显著性水平检验；Wald检验1是年份虚拟变量联合显著性Wald检验的F统计量，Wald检验2是行业虚拟变量联合显著性Wald检验的F统计量；为避免多重共线性，在制度环境变量与两权分离度进行交互时，先分别对制度环境变量与两权分离度进行了中心化处理（即变量减其平均数）；所有解释变量和控制变量的方差膨胀因子（Vif）都显著小于10。

6.5.5 其他稳健性检验

为进一步验证实证结果的稳健性，与上一章相同，本章还做了如下的稳健性检验：（1）借鉴 Chava 和 Purnanandam（2010）、肖珉和沈艺峰（2008）等的做法，使用 GLS 模型（Gebhardt et al.，2001）来度量权益资本成本，最后的稳健性检验结果与前文实证结果基本一致。（2）采用《市场化指数》中的市场中介组织的发育和法律制度环境指数、政府与市场的关系指数和金融业的市场化指数来代替《经营环境指数》中的法律环境指数、政府行政管理指数和金融服务指数，同时还采用行业的赫芬达尔指数（行业中所有公司销售收入所占份额的平方和）来度量产品市场发育程度，最后的稳健性检验结果与前文实证结果基本一致。（3）借鉴其他文献（王春飞等，2013；肖作平，2012），使用年末所有者权益市场价值的自然对数代替公司规模变量（年末总资产的自然对数 Lnassets），使用年总资产增长率代替成长性变量（年营业收入增长率 Incomegrow），最后的稳健性检验结果与前文实证结果基本一致。（4）前文样本界定的终极控制股东有效控制权比率为10%，本章借鉴 La Porta et al.（1999）的经典研究文献把有效控制权比率界定为20%，以此筛选终极控制股东样本进行稳健性测试，测试结果与前文实证结果基本一致。以上稳健性检验结果，限于篇幅，并未在正文中加以报告。

6.6 ——————— 本章小结 ———————

本章理论推演了制度环境（包括法律保护、政府行政管理、金融发展、产品市场发育、媒体报道和社会诚信）和两权分离度对权益资本成本的交互影响，并在此基础上，以2004—2013年沪深两市上市的 A 股公司为研究样本，采用个体固定效应模型进行了实证检验，检验两权分离度与权益资本成本之间的关系是否依赖制度环境质量，之后又对检验结果做了较充分的稳健性检验。

通过理论推演和实证检验发现，制度环境质量的改善会削弱两权分离度与公司权益资本成本之间的正相关关系，具体来说：（1）法律保护水平提高会削弱两权分离度与权益资本成本之间的正相关关系，表明法律保护水平提高能更充分保护中小股东的合法权益，提高公司信息披露的规范化水平，从而增加终极控制股东的掠夺风险和掠夺成本，抑制其掠夺行为，进而削弱两权分离度与公司权益资本成本之间的正相关关系。（2）政府行政管理水平提高会削弱两权分离度与权益资本成本之间的正相关关系，表明减少政府不必要的干预能降低国有公司或政治关联公司所享有的优惠政策和政治庇护，同时政府的高效、廉洁和公正也能降低终极控制股东的寻租空间，从而增加终极控制股东的掠夺风险和掠夺成本，抑制其掠夺行为，进而削弱两权分离度与权益资本成本之间的正相关关系。（3）金融发展水平提高会削弱两权分离度与权益资本成本之间的正相关关系，表明金融发展水平提高能促进融资自由化、提高公司信息披露水平以及培育更多成熟的机构投资者，从而增加终极控制股东掠夺时的法律风险和掠夺成本，抑制其掠夺行为，进而削弱两权分离度与权益资本成本之间的正相关关系。（4）产品市场发育程度提高会削弱两权分离度与权益资本成本之间的正相关关系，表明产品市场发育程度提高会加剧产品市场竞争，而产品市场竞争的加剧会产生更强的信息比较效应和破产威胁效应，有助于完善市场定价机制以及提高公司信息披露水平，从而增加终极控制股东的掠夺风险和掠夺成本，抑制其掠夺行为，进而削弱两权分离度与权益资本成本之间的正相关关系。（5）媒体报道水平提高会削弱两权分离度与权益资本成本之间的正相关关系，表明媒体报道水平提高能缓解投资者相对终极控制股东的信息不对称，同时对被报道对象的声誉造成更强烈的影响，也能形成更强大的舆论压力，促使政府监管部门介入报道事件，从而增加终极控制股东的掠夺风险和掠夺成本，抑制其掠夺行为，进而削弱两权分离度与公司权益资本成本之间的正相关关系。（6）社会诚信水平提高会削弱两权分离度与权益资本成本之间的正相关关系，表明社会诚信水平提高会增加社会民众对终极控制股东掠夺行为的敏感性，导致掠夺行为的负面消息更容易引起投资者关注并被广泛传播，从而增加终极控制股东的掠夺风险和掠夺成本，抑制其掠夺行为，进而削弱两权分离度与权益资本成本之间的正相关关系。

第 7 章

结论和政策启示

7.1　主要研究结论

为考察终极所有权结构、制度环境如何影响权益资本成本，以及终极所有权结构和权益资本成本的关系如何受制度环境的影响。本书在探索适合中国上市公司权益资本成本度量模型的基础上，结合中国制度环境存在显著区域性差异的现实背景，着眼于终极控制股东和外部投资者的委托代理问题，理论推演了终极所有权结构、制度环境和权益资本成本三者之间的关系。具体来说，本书理论推演了终极所有权结构对权益资本成本的影响、制度环境对权益资本成本的影响，以及制度环境和两权分离度对权益资本成本的交互影响。在理论推演的基础上，本书以2004—2013年沪深两市上市的A股公司为研究样本，采用单变量T检验、秩和检验和多元回归等多种计量方法对本书提出的研究假设进行实证检验和稳健性检验。研究发现，终极所有权结构是影响公司权益资本成本的重要因素，制度环境质量的改善会降低公司权益资本成本，同时制度环境质量的改善也会削弱两权分离度与公司权益资本成本之间的正相关关系。具体而言，本书的研究结论总结如下：

1）权益资本成本度量模型的适用性评价

本书采用两种方法检验了权益资本成本度量模型在中国资本市场中的适用性：一是检验权益资本成本是否与已实现报酬率显著相关；二是检验权益资本成本与风险因子之间是否存在显著的相关关系。通过相关性分析和多元回归分析检验发现，众多权益资本成本度量模型中较适合中国资本市场的模型是 MPEG 模型（COE_MPEG）、PEG 模型（COE_PEG）和 OJ 模型（COE_OJ），但三者之间没有绝对的排序。

2）终极所有权对权益资本成本的影响

（1）终极所有权增加会降低公司权益资本成本，表明终极所有权增加能够降低公司的代理成本、缓解公司的代理冲突，并激励终极控制股东对公司进行有效治理，加强对公司经理层的监督，提升信息披露质量，缓解中小股东的信息不对称，从而提升公司价值，进而降低投资者的投资风险和公司的权益资本成本。

（2）相比国有公司，非国有公司终极所有权和权益资本成本之间的负相关关系更为显著，表明国有公司中政府官员可能会牺牲国有股份的经济利益而要求上市公司承担过多的政治任务和社会责任，导致更高终极所有权具有的激励公司治理、减缓公司代理冲突作用在国有公司中受到削弱，进而弱化国有公司终极所有权和公司权益资本成本之间的负相关关系。

3）两权分离度对权益资本成本的影响

（1）终极所有权和控制权的两权分离度与权益资本成本存在正相关关系，表明两权分离度越大，终极控制股东越有动机和能力通过"壕沟"侵占中小股东的利益，会加剧终极控制股东的掠夺行为，从而增加投资者的投资风险，推高公司的权益资本成本。

（2）相比国有公司，非国有公司两权分离度与权益资本成本的正相关关系更为显著，表明国有公司控制权和剩余索取权相分离的情况下，拥有控制权的政府官员没有合法的剩余索取权，因此，当存在更高的两权分离度时，政府官员代表政府去侵占外部中小股东经济利益的激励不足，导致国有公司的投资风险相对更低，进而弱化国有公司两权分离度与权益资本成本的正相关关系。

4）终极所有权性质对权益资本成本的影响

（1）中央企业相比地方企业和民营企业有着显著更低的权益资本成本，这表明，相比地方企业，中央企业的经营管理受政府直接干预的程度更低，进而导致所承担的社会责任和政治成本更低，而相比民营企业，中央企业能够享受到政府更多的政策优待和隐性风险担保，因此，中央企业具有相对更低的权益资本成本。

（2）地方企业相比民营企业的权益资本成本并没有系统性差异，表明地方企业一方面因政府过多干预而比民营企业承担更多的社会责任和政治成本，另一方面也能够享有各种政府优待和隐性的政府风险担保，进而使得两类企业的投资风险和权益资本成本并无系统性差异。

（3）事业单位企业相比民营企业的权益资本成本并没有系统性差异，表明事业单位企业一方面比民营企业具有普遍更为严重的产权不明晰、公司治理结构不合理等问题，另一方面又能够获得来自于事业单位人财物的大力支持（尤其是高新人才和高新科技），以及事业单位品牌声誉的隐性支持，进而导致两类企业的投资风险和权益资本成本并没有系统性差异。

（4）外资企业相比民营企业有着显著更低的权益资本成本，表明外资企业相比民营企业具有更加完善的公司治理机制，同时面临国内和国外更严格的双重监管，进而导致外资企业有着相对更低的权益资本成本。

（5）以上结论表明，在五类企业中，中央企业和外资企业具有显著更低的权益资本成本，而地方企业、事业单位企业和民营企业的权益资本成本更高。

5）制度环境对权益资本成本的影响

（1）法律保护水平提高会降低公司权益资本成本，表明更高的法律保护水平能够促进银行信贷和股票市场的发展，能够更好保护中小股东的合法权益，能够缓解中小股东相比终极控制股东的信息不对称，进而降低投资者的投资风险和公司的权益资本成本。

（2）政府行政管理水平提高会降低公司权益资本成本，表明减少不必要的政府干预会使得公司政治成本、代理成本和腐败成本降低，同时还能够降低赋予国有公司或政治关联公司的过度保护，提高公司的信息透明度，此外，政府的高效、廉洁和公正也能够降低公司的时间成本以及寻租成本，这些都有利于降低投资者的投资风险和公司的权益资本成本。

（3）金融发展水平提高会降低公司权益资本成本，表明金融发展水平的提高能够有效缓解公司的融资约束、提高公司信息披露水平和公司治理水平、培育更多成熟的机构投资者，从而能够提升公司绩效，抑制终极控制股东的掠夺，导致投资者的投资风险和公司权益资本成本的下降。

（4）产品市场发育程度提高会降低公司权益资本成本，表明产品市场发育程度提高会加剧产品市场竞争，而产品市场竞争会产生信息比较效应和破产威胁效应，进而抑制公司内部人的机会主义，同时产品市场竞争还能够完善市场定价机制，增加非公平价格方式转移资源的难度，提高公司信息披露水平，从而抑制终极控制股东的掠夺，进而降低投资者的投资风险和公司权益资本成本。

（5）媒体报道水平提高会降低公司权益资本成本，表明媒体报道作为正式投资者保护制度的补充机制，有助于降低投资者的信息不对称，促使公司内部人纠正对中小股东的利益侵占、提高公司治理水平，推动政府监管者对负面报道事件的介入，纠正上市公司中的违规违法行为，从而降低投资者的投资风险和公司的权益资本成本。

（6）社会诚信水平提高会降低公司权益资本成本，表明社会诚信有助于公司降低交易成本、提高交易效率，有助于公司提高投资效率、缓解融资约束，同时还有助于抑制终极控制股东的掠夺行为，从而降低投资者的投资风险和公司的权益资本成本。

6）制度环境和两权分离度对权益资本成本的交互影响

（1）法律保护水平提高会削弱两权分离度与权益资本成本之间的正相关关系，表明法律保护水平提高能更充分保护中小股东的合法权益，提高公司信息披露的规范化水平，从而增加终极控制股东的掠夺风险和掠夺成本，抑制其掠夺行为，进而削弱两权分离度与公司权益资本成本之间的正相关关系。

（2）政府行政管理水平提高会削弱两权分离度与权益资本成本之间的正相关关系，表明减少政府不必要的干预能降低国有公司或政治关联公司所享有的优惠政策和政治庇护，同时政府的高效、廉洁和公正也能降低终

153

极控制股东的寻租空间，从而增加终极控制股东的掠夺风险和掠夺成本，抑制其掠夺行为，进而削弱两权分离度与权益资本成本之间的正相关关系。

（3）金融发展水平提高会削弱两权分离度与权益资本成本之间的正相关关系，表明金融发展水平提高能促进融资自由化、提高公司信息披露水平以及培育更多成熟的机构投资者，从而增加终极控制股东掠夺时的法律风险和掠夺成本，抑制其掠夺行为，进而削弱两权分离度与权益资本成本之间的正相关关系。

（4）产品市场发育程度提高会削弱两权分离度与权益资本成本之间的正相关关系，表明产品市场发育程度提高会加剧产品市场竞争，而产品市场竞争的加剧会产生更强的信息比较效应和破产威胁效应、有助于完善市场定价机制以及提高公司信息披露水平，从而增加终极控制股东的掠夺风险和掠夺成本，抑制其掠夺行为，进而削弱两权分离度与权益资本成本之间的正相关关系。

（5）媒体报道水平提高会削弱两权分离度与权益资本成本之间的正相关关系，表明媒体报道水平提高能缓解投资者相对终极控制股东的信息不对称，同时对被报道对象的声誉造成更强烈的影响，也能形成更强大的舆论压力，促使政府监管部门介入报道事件，从而增加终极控制股东的掠夺风险和掠夺成本，抑制其掠夺行为，进而削弱两权分离度与公司权益资本成本之间的正相关关系。

（6）社会诚信水平提高会削弱两权分离度与权益资本成本之间的正相关关系，表明社会诚信水平提高会增加社会民众对终极控制股东掠夺行为的敏感性，导致掠夺行为的负面消息更容易引起投资者关注并被广泛传播，从而增加终极控制股东的掠夺风险和掠夺成本，抑制其掠夺行为，进而削弱两权分离度与权益资本成本之间的正相关关系。

7.2 政策启示

根据本书理论分析和实证检验所获得的研究成果，本书提出如下的政策启示：

1）加强对终极所有权和控制权相分离公司的监管

金字塔股权结构、交叉持股等方式所造成的终极控制股东所有权和控制权的两权分离会加剧终极控制股东对中小股东的利益侵占，提高投资者的投资风险和公司权益资本成本，影响到资本市场的良性发展，相反，终极所有权的增加会导致终极控制股东和外部投资者的利益趋于一致，抑制终极控制股东的利益侵占。因此，政府必须加强对终极所有权和控制权相分离公司的监管，尤其是存在两权分离的非国有公司，因为当存在两权分离时，非国有公司相比国有公司有着更为强烈侵占中小股东利益的动机。加强对两权分离公司的监管对资本市场的建设和经济的发展都将具有非常重要的意义。

2）减少对民营公司的歧视政策，公平公正对待不同所有权性质的公司

中国目前仍然普遍存在对民营公司的歧视政策，如信贷歧视、市场准入资格歧视、财税补贴歧视等，这会削弱民营公司相比国有公司的市场竞争力，阻碍了民营公司的发展，因此，政府需要为不同所有权性质的公司创造一个公平公正的市场竞争环境，政府在给予国有公司、外资公司各种优惠政策时，也要给予民营公司同样的"国民待遇"，逐步减少直至消除各种阻碍民营公司发展的歧视政策。

3）进一步完善国有公司产权制度及其公司治理结构

目前中国国有公司的产权制度及其公司治理结构仍需要进一步理顺，尤其是高校和科研院所控制的事业单位企业。长期以来事业单位企业体制改革滞后，相比民营企业，其产权不明晰、公司治理结构不合理等问题较为严重，事业单位企业对其上级的事业单位存在较为严重的利益输送问题，这会严重阻碍事业单位企业的进一步发展。因此，对包括事业单位企业在内的国有公司，有必要进一步明晰企业产权，完善公司治理机制，以进一步激活企业发展的活力。

4）大力改善中国的制度环境质量，强化制度建设

具体包括：（1）加强法律制度建设，强化对中小股东的利益保护，进一步规范公司的信息披露制度。（2）加强政府行政管理体制的建设，减少

政府对企业不必要的干预，提高政府办事效率，建设廉洁和公正的政府。(3)加强金融体制建设，完善银行信贷制度，按市场竞争规律来分配信贷资金，进一步完善股票市场相关制度。(4)完善市场定价机制，减少地方保护主义，进一步推动产品市场发育，提升产品市场的竞争活力。(5)破除阻碍媒体发展的各项体制，为媒体的发展创造一个良好的制度环境，提高媒体报道水平，增强媒体对社会违法违规事件的监督力。(6)加强社会诚信制度建设，进一步完善中国现有的征信制度，大力倡导诚实守信的文明行为，为整个社会营造一个良好的诚信环境。

7.3 ———— **研究局限与未来研究展望** ————

7.3.1 研究局限

（1）权益资本成本度量模型方面的局限性。本书只是评价了现有西方学者所提出的权益资本成本度量模型在中国的适用性，没有能够结合中国资本市场的特点设计出更合适中国需要的度量模型。

（2）数据方面的局限性。本书制度因素变量的数据主要来自王小鲁等主编的《经营环境指数》以及樊纲等主编的《市场化指数》。而这两方面的指数都存在一定的缺失，王小鲁等主编的《经营环境指数》只提供了2006—2012年的指数（其中2007、2009和2011年的指数取前后两年数据的平均数），相类似的问题，樊纲等主编的《市场化指数》目前只更新到2009年，因此，这些数据都不能完全与本书2004—2013年的样本匹配。

（3）研究方案设计方面的局限性。本书主要侧重于从地区层面来反映制度因素对权益资本成本的影响，没有深入从公司层面来探讨制度因素的影响。比如公司层面的媒体报道数量、政治关联指数。

（4）制度因素方面的局限性。本书只讨论了六种制度因素，是否还有其他制度因素也会影响权益资本成本，限于数据的可获得性，导致无法做进一步的实证检验，因此，本书对此没有作进一步的讨论。

7.3.2　未来研究展望

本书针对研究的局限性，计划从以下几个方面做进一步的研究：

（1）仔细研究现有权益资本成本度量模型，探究是否能够设计出适合中国资本市场并能反映制度因素的权益资本成本度量模型。

（2）通过手工收集相关的制度因素变量数据，既包括地区层面数据也包括公司层面数据，建立相关数据库。

（3）探究除本书以外的其他制度因素是否会影响权益资本成本，它们的作用机理是什么。

主要参考文献

[1]AGGARWAL, EREL, FERREIRA, et al.Does governance travel around the world? evidence from institutional investors[J].Journal of Financial Economics, 2011, 100 (1): 154-181.

[2]AGRAWAL, KNOEBER.Do some outside directors play a political role?[J]. Journal of Law and Economics, 2001, 44 (1): 179-198.

[3]ALMEIDA, WOLFENZON.A theory of pyramidal ownership and family business groups[J].The Journal of Finance, 2006, 61 (6): 2637-2680.

[4]AMIHUD, MENDELSON.Asset pricing and the bid-ask spread[J].Journal of financial Economics, 1986, 17 (2): 223-249.

[5]ASHBAUGH, COLLINS, LAFOND. Corporate governance and the cost of equity capital[R].SSRN Working Paper, 2004.

[6]ATTIG.Excess control and the risk of corporate expropriation: canadian evidence[J]. Canadian Journal of Administrative Sciences/ Revue Canadienne des Sciences de l' Administration, 2007, 24 (2): 94-106.

[7]BAEK, KANG, PARK.Corporate governance and firm value: evidence from the korean financial crisis[J].Journal of Financial Economics, 2004, 71 (2): 265-313.

[8]BAGGS,BETTIGNIES.Product

market competition and agency costs[J].The Journal of Industrial Economics, 2007, 55 (2): 289-323.

[9]BANCEL, MITTOO.Cross-country determinants of capital structure choice: a survey of european firms[J].Financial Management, 2004, 33 (4): 103-132.

[10]BANY-ARIFFIN, NOR, MCGOWAN.Pyramidal structure, firm capital structure exploitation and ultimate owners´ dominance[J].International Review of Financial Analysis, 2010, 19 (3): 151-164.

[11]BASU.The relationship between earnings´ yield, market value and return for nyse common stocks: further evidence[J].Journal of Financial Economics, 1983, 12 (1): 129-156.

[12]BEBCHUK, KRAAKMAN, TRIANTIS.Stock pyramids, cross-ownership, and dual class equity: the mechanisms and agency costs of separating control from cash-flow rights[M].Concentrated Corporate Ownership, University of Chicago Press, 2000, 295-318.

[13]BECK, DEMIRGÜC-KUNT, MAKSIMOVIC.Financial and legal constraints to firm growth: does size matter?[J].Journal of Finance, 2005 (60): 137-177.

[14]BEINER, SCHMID, WANZENRIED.Product market competition, managerial incentives and firm valuation[J].European Financial Management, 2011, 17 (2): 331-366.

[15]BEKAERT, HARVEY.Foreign speculators and emerging equity markets[J].The Journal of Finance, 2000, 55 (2): 565-613.

[16]BERLE, MEANS.The modern corporation and private property[M].London: Macmillan, 1932.

[17]BESLEY, PART.Handcuffs for the grabbing hand? media capture and government accountability[J].The American Economic Review, 2006, 96 (3): 720-736.

[18]BHANDARI.Debt/equity ratio and expected common stock returns: empirical evidence[J].The Journal of Finance, 1988, 43 (2):

507-528.

[19]BHATTACHARYA, DAOUK, WELKER.The world price of earnings opacity[J].The Accounting Review, 2003, 78（3）: 641-678.

[20]BIRT, BILSON, SMITH, et al.Ownership, competition, and financial disclosure[J].Australian Journal of Management, 2006, 31（2）: 235-263.

[21]BLUME, FRIEND.A new look at the capital asset pricing model[J].The Journal of Finance, 1973, 28（1）: 19-34.

[22]BOOTH, AIVAZIAN, KUNT, et al.Capital structures in developing countries[J].The Journal of Finance, 2001, 56（1）: 87-130.

[23]BOTOSAN.Disclosure level and the cost of equity capital[J].The Accounting Review, 1997, 72（3）: 323-349.

[24]BOTOSAN, PLUMLEE.Assessing alternative proxies for the expected risk premium[J].The Accounting Review, 2005, 80（1）: 21-53.

[25]BOTOSAN, PLUMLEE.A re-examination of disclosure level and the expected cost of equity capital[J].Journal of Accounting Research, 2002, 40（1）: 21-40.

[26]BRENNAN, CHORDIA, SUBRAHMANYAM.Alternative factor specifications, security characteristics, and the cross-section of expected stock returns[J].Journal of Financial Economics, 1998, 49（3）: 345-373.

[27]BREUSCH, PAGAN.The lagrange multiplier test and its applications to model specification in econometrics[J].The Review of Economic Studies, 1980: 239-253.

[28]BURGSTAHLER, HAIL, LEUZ.The importance of reporting incentives: earnings management in european private and public firms[J].The Accounting Review, 2006, 81（5）: 983-1016.

[29]BUSHEE, CORE, GUAY, et al.The role of the business press as an information intermediary[J].Journal of Accounting Research, 2010, 48（1）: 1-19.

[30]CALOMIRIS, FISMAN, WANG.Profiting from government

stakes in a command economy: evidence from chinese asset sales[J].Journal of Financial Economics, 2010, 96 (3): 399-412.

[31]CESPEDES, GONZALEZ, MOLINA.Ownership and capital structure in latin america[J].Journal of Business Research, 2010, 63 (3): 248-254.

[32]CHANEY, FACCIO, PARSLEY.The quality of accounting information in politically connected firms[J].Journal of Accounting and Economics, 2011, 51 (1): 58-76.

[33]CHANG.Ownership structure, expropriation, and performance of group- affiliated companies in korea[J].Academy of Management Journal, 2003, 46 (2): 238-253.

[34]CHAVA, PURNANANDAM.Is default risk negatively related to stock returns?[J].Review of Financial Studies, 2010, 23 (6): 2523-2559.

[35]CHEN, CHEN, WEI.Legal protection of investors, corporate governance, and the cost of equity capital[J].Journal of Corporate Finance, 2009, 15 (3): 273-289.

[36]CHEN, WEI, CHEN.Disclosure, corporate governance, and the cost of equity capital: evidence from asia´s emerging markets[J].Corporate Governance, and the Cost of Equity Capital: Evidence from Asia´s Emerging Markets (June 2003), 2003.

[37]CHEN, ROLL, ROSS.Economic forces and the stock market´[J]. The Journal of Business, 1986, 59 (3): 383-403.

[38]CHEN, HUANG, WEI.Executive pay disparity and the cost of equity capital[J].Journal of Financial and Quantitative Analysis, 2013, 48 (03): 849-885.

[39]CHENG, COLLINS, HUANG.Shareholder rights, financial disclosure and the cost of equity capital[J].Review of Quantitative Finance and Accounting, 2006, 27 (2): 175-204.

[40]CLAESSENS, DJANKOV, FAN, et al.Disentangling the incentive and entrenchment effects of large shareholdings[J].The Journal of Finance,

2002, 57 (6): 2741-2771.

[41]CLAESSENS, DJANKOV, LANG.The separation of ownership and control in east asian corporations[J].Journal of Financial Economics, 2000, 58 (1): 81-112.

[42]CLAESSENS, LAEVEN.Financial development, property rights, and growth[J].The Journal of Finance, 2003, 58 (6): 2401-2436.

[43]CLAUS, THOMAS.Equity premia as low as three percent? evidence from analysts´ earnings forecasts for domestic and international stock markets[J]. The Journal of Finance, 2001, 56 (5): 1629-1666.

[44]COFFEE.Privatization and corporate governance: the lessons from securities market failure[J].As Published in Journal of Corporation Law, 1999 (25): 1-39.

[45]DANIEL, TITMAN.Evidence on the characteristics of cross sectional variation in stock returns[J].The Journal of Finance, 1997, 52 (1): 1-33.

[46]DEMIRGUC - KUNT, MAKSIMOVIC.Law, finance, and firm growth[J].The Journal of Finance, 1998, 53 (6): 2107-2137.

[47]DEMIRGUC-KUNT, MAKSIMOVIC.Stock market development and firms' financing choices[J].World Bank Economic Review, 1996, 10 (2): 341-369.

[48]DEMIRGUC- KUNT, MAKSIMOVIC.Institutions, financial markets, and firm debt maturity[J].Journal of Financial Economics, 1999, 54 (3): 295-336.

[49]DENIS, MCCONNELL.International corporate governance[J]. Journal of Financial and Quantitative Analysis, 2003, 38 (01): 1-36.

[50]DIAMOND, VERRECCHIA.Disclosure, liquidity, and the cost of capital[J].The Journal of Finance, 1991, 46 (4): 1325-1359.

[51]DING, ZHANG H, ZHANG J.Private vs state ownership and earnings management: evidence from chinese listed companies[J].Corporate Governance: An International Review, 2007, 15 (2): 223-238.

[52]DOIDGE，KAROLYI，STULZ.Why are foreign firms listed in the us worth more?[J].Journal of Financial Economics，2004，71（2）：205-238.

[53]DRISCOLL，KRAAY.Consistent covariance matrix estimation with spatially dependent panel data[J].Review of Economics and Statistics，1998，80（4）：549-560.

[54]DU，DAI.Ultimate corporate ownership structures and capital structures：evidence from east asian economies[J].Corporate Governance：An International Review，2005，13（1）：60-71.

[55]DYCK，VOLCHKOVA，ZINGALES.The corporate governance role of the media：evidence from russia[J].The Journal of Finance，2008，63（3）：1093-1135.

[56]DYCK，ZINGALES.Private benefits of control：an international comparison[J].The Journal of Finance，2004，59（2）：537-600.

[57]DYCK，ZINGALES.The corporate governance role of the media[R]. National Bureau of Economic Research，2002.

[58]EASLEY，O´HARA.Information and the cost of capital[J].The Journal of Finance，2004，59（4）：1553-1583.

[59]EASTON.Pe ratios，peg ratios，and estimating the implied expected rate of return on equity capital[J].The Accounting Review，2004，79（1）：73-95.

[60]ELTON.Presidential address：expected return，realized return，and asset pricing tests[J].The Journal of Finance，1999，54（4）：1199-1220.

[61]FACCIO.Politically connected firms[J].American Economic Review，2006，96（1）：369-386.

[62]FACCIO，LANG，YOUNG.Dividends and expropriation[J]. American Economic Review，2001，91（1）：54-78.

[63]FACCIO，MASULIS，MCCONNELL.Political connections and corporate bailouts[J].The Journal of Finance，2006，61（6）：2597-2635.

[64]FACCIO，LANG.The ultimate ownership of western european corporations[J].Journal of Financial Economics，2002，65（3）：365-395.

[65]FAMA, MACBETH.Risk, return, and equilibrium: empirical tests [J].The Journal of Political Economy, 1973, 81（3）: 607-636.

[66]FAMA, FRENCH.The capital asset pricing model: theory and evidence[J].Journal of Economic Perspectives, 2004, 18（3）: 25-46.

[67]FAMA, FRENCH.Industry costs of equity[J].Journal of Financial Economics, 1997, 43（2）: 153-193.

[68]FAMA, E.F., FRENCH.The cross-section of expected stock returns [J].The Journal of Finance, 1992, 47（2）: 427-465.

[69]FAMA, FRENCH.Common risk factors in the returns on stocks and bonds[J].Journal of Financial Economics, 1993, 33（1）: 3-56.

[70]FAN, TITMAN, TWITE.An international comparison of capital structure and debt maturity choices[J].Journal of Financial and Quantitative Analysis, 2012, 47（1）: 23-56.

[71]FAN, WONG, ZHANG.The emergence of corporate pyramids in china[J].SSRN Working Paper, 2005.

[72]FAN, WONG, ZHANG.Politically connected ceos, corporate governance, and post-ipo performance of china's newly partially privatized firms[J].Journal of Financial Economics, 2007, 84（2）: 330-357.

[73]FAN, WONG.Corporate ownership structure and the informativeness of accounting earnings in east asia[J].Journal of Accounting and Economics, 2002, 33（3）: 401-425.

[74]FANG, PERESS.Media coverage and the cross-section of stock returns[J].The Journal of Finance, 2009, 64（5）: 2023-2052.

[75]FERGUSON, LAM, LEE.Voluntary disclosure by stateowned enterprises listed on the stock exchange of hong kong[J].Journal of International Financial Management & Accounting, 2002, 13（2）: 125-152.

[76]FERREIRA, MATOS.The colors of investors' money: the role of institutional investors around the world[J].Journal of Financial Economics, 2008, 88（3）: 499-533.

[77]FRANCIS, NANDA, OLSSON.Voluntary disclosure, earnings

quality, and cost of capital[J].Journal of Accounting Research, 2008, 46 (1): 53-99.

[78]FRANCIS, SCHIPPER, VINCENT.Earnings and dividend informativeness when cash flow rights are separated from voting rights[J]. Journal of Accounting and Economics, 2005, 39 (2): 329-360.

[79]FROOT, FRANKEL.Forward discount bias: is it an exchange risk premium?[J].The Quarterly Journal of Economics, 1989, 104 (1): 139-161.

[80]GARMAISE, LIU.Corruption, firm governance, and the cost of capital[R].Anderson Graduate School of Management, UCLA, 2005.

[81]GEBHARDT, LEE, SWAMINATHAN.Toward an implied cost of capital[J].Journal of Accounting Research, 2001, 39 (1): 135-176.

[82]GIANNETTI.Do better institutions mitigate agency problems? evidence from corporate finance choices[J].Journal of Financial and Quantitative Analysis, 2003, 38 (01): 185-212.

[83]GIETZMANN, IRELAND.Cost of capital, strategic disclosures and accounting choice[J].Journal of Business Finance & Accounting, 2005, 32 (3-4): 599-634.

[84]GILLAN, STARKS.Corporate governance proposals and shareholder activism: the role of institutional investors[J].Journal of Financial Economics, 2000, 57 (2): 275-305.

[85]GODE, MOHANRAM.Inferring the cost of capital using the ohlson -juettner model[J].Review of Accounting Studies, 2003, 8 (4): 399-431.

[86]GOLDMAN, ROCHOLL, SO.Do politically connected boards affect firm value?[J].Review of Financial Studies, 2009, 22 (6): 2331-2360.

[87]GOMES.Going public without governance: managerial reputation effects[J].The Journal of Finance, 2000, 55 (2): 615-646.

[88]GORDON, GORDON.The finite horizon expected return model [J].Financial Analysts Journal, 1997, 53 (3): 52-61.

[89]GRIFFITH.Product market competition, efficiency and agency

costs: an empirical analysis[R].Institute for Fiscal Studies, 2001.

[90]GROSSMAN, HART.One share - one vote and the market for corporate control[J].Journal of Financial Economics, 1988 (20): 175-202.

[91]GUAY, KOTHARI, SHU.Properties of implied cost of capital using analysts´ forecasts[J].Australian Journal of Management, 2011, 36 (2): 125-149.

[92]GUGLER.Corporate governance, dividend payout policy, and the interrelation between dividends, r&d, and capital investment[J].Journal of Banking & Finance, 2003, 27 (7): 1297-1321.

[93]HAIL, LEUZ.International differences in the cost of equity capital: do legal institutions and securities regulation matter?[J].Journal of Accounting Research, 2006, 44 (3): 485-531.

[94]HAMADA.The effect of the firm´s capital structure on the systematic risk of common stocks[J].The Journal of Finance, 1972, 27 (2): 435-452.

[95]HARTZELL, STARKS.Institutional investors and executive compensation[J].The Journal of Finance, 2003, 58 (6): 2351-2374.

[96]HAW, HU, HWANG, et al.Ultimate ownership, income management, and legal and extra - legal institutions[J].Journal of Accounting Research, 2004, 42 (2): 423-462.

[97]HE, LEPONE, LEUNG.Information asymmetry and the cost of equity capital[J].International Review of Economics & Finance, 2013, 27 (C): 611-620.

[98]HENRY.Stock market liberalization, economic reform, and emerging market equity prices[J].The Journal of Finance, 2000, 55 (2): 529-564.

[99]HERMALIN.The effects of competition on executive behavior[J]. RAND Journal of Economics, 1992, 23 (3): 350-365.

[100]HIMMELBERG, HUBBARD, LOVE.Investor protection, ownership, and the cost of capital[J].The World Bank, Policy Research Working Paper Series: 2834, 2004.

[101]HOU, VAN DIJK, ZHANG.The implied cost of capital: a new

approach[J].Journal of Accounting and Economics，2012，53（3）：504-526.

[102]HU.Ultimate ownership and analyst following[R].The Chinese University of Hong Kong，Working Paper，2004.

[103]HUANG，WANG，ZHANG.The effect of CEO ownership and shareholder rights on cost of equity capital[J].Corporate Governance，2009，9（3）：255-270.

[104]HUGHES.Corporate value，ultimate control and law protection for investors in western europe[J].Management Accounting Research，2009，20（1）：41-52.

[105]HUGHE.Ultimate control and corporate value：evidence from the UK[J].Financial Reporting，Regulation and Governance，2005，4（2）：1-23.

[106]HUGHES，LIU，LIU.On the relation between expected returns and implied cost of capital[J].Review of Accounting Studies，2009，14（2）：246-259.

[107]HUTCHENS，REGO.Tax risk and the cost of equity capital[J].SSRN Working Paper，2012.

[108]IATRIDIS.Audit quality in common-law and code-law emerging markets：evidence on earnings conservatism，agency costs and cost of equity[J].Emerging Markets Review，2012，13（2）：101-117.

[109]ITURRIAGA.Debt ownership structure and legal system：an international analysis[J].Applied Economics，2005，37（3）：355-365.

[110]JAGANNATHAN，SRINIVASAN.Does product market competition reduce agency costs?[J].The North American Journal of Economics and Finance，1999，10（2）：387-399.

[111]JENSEN，MECKLING.Theory of the firm：managerial behavior，agency costs，and ownership structure[M].New York：Springer，1979.

[112]JIANG，LEE，YUE.Tunneling in china：the remarkable case of inter-corporate loans[J].Journal of Financial Economics，2010，98（1）：1-20.

[113]JOE, LOUIS, ROBINSON.Managers' and investors' responses to media exposure of board ineffectiveness[J].Journal of Financial and Quantitative Analysis, 2009, 44（03）: 579-605.

[114]JOHNSON, BOONE, BREACH, et al.Corporate governance in the asian financial crisis[J].Journal of financial Economics, 2000, 58（1）: 141-186.

[115]JOHNSON, MITTON.Cronyism and capital controls: evidence from malaysia[J].Journal of Financial Economics, 2003, 67（2）: 351-382.

[116]KHURANA, MARTIN, PEREIRA.Financial development and the cash flow sensitivity of cash[J].Journal of Financial and Quantitative Analysis, 2006, 41（04）: 787-808.

[117]KHWAJA, MIAN.Do lenders favor politically connected firms? rent provision in an emerging financial market[J].The Quarterly Journal of Economics, 2005, 120（4）: 1371-1411.

[118]KIM, YI.Ownership structure, business group affiliation, listing status, and earnings management: evidence from Korea[J].Contemporary Accounting Research, 2006, 23（2）: 427-464.

[119]KITAGAWA, GOTOH.Implied cost of capital over the last 20 years [J].The Japanese Accounting Review, 2011（1）: 71-104.

[120]KLITGAARD.Controlling corruption[M].Berkeley, CA: Univ of California Press, 1988.

[121]KOTHARI, SHANKEN, SLOAN.Another look at the cross - section of expected stock returns[J].The Journal of Finance, 1995, 50（1）: 185-224.

[122]KOUKI, GUIZANI.Ownership structure and dividend policy evidence from the tunisian stock market[J].European Journal of Scientific Research, 2009, 25（1）: 42-53.

[123]LA PORTA, SILANES, SHLEIFER, et al.Agency problems and dividend policies around the world[J].The Journal of Finance, 2000, 55（1）: 1-33.

主要参考文献

[124]LA PORTA，LOPEZ - DE - SILANES，SHLEIFER，et al. Corporate ownership around the world[J].The Journal of Finance，1999，54（2）：471-517.

[125]LA PORTA，LOPEZ-DE-SILANES，SHLEIFER，et al.Investor protection and corporate valuation[J].The Journal of Finance，2002，57（3）：1147-1170.

[126]LA PORTA，LOPEZ-DE-SILANES，SHLEIFER，et al.Law and finance[J].Journal of Political Economy，1998，106（6）：1113-1155.

[127]LAMBERT，LEUZ，VERRECCHIA.Accounting information，disclosure，and the cost of capital[J].Journal of Accounting Research，2007，45（2）：385-420.

[128]LANG，RAEDY，WILSON.Earnings management and cross listing：are reconciled earnings comparable to us earnings?[J].Journal of Accounting and Economics，2006，42（1）：255-283.

[129]LAROCQUE.Disclosure，analyst forecast bias，and the cost of equity capital[D].University of Toronto，2009.

[130]LAROCQUE.Analysts' earnings forecast errors and cost of equity capital estimates[J].Review of Accounting Studies，2013，18（1）：135-166.

[131]Lemmon，Lins.Ownership structure，corporate governance，and firm value：evidence from the east asian financial crisis[J].The Journal of Finance，2003，58（4）：1445-1468.

[132]LEUNG.The Impact of ultimate ownership and investor protections on dividend policies[D].The Chinese University of Hong Kong，2004.

[133]LEUZ，NANDA，WYSOCKI.Earnings management and investor protection：an international comparison[J].Journal of Financial Economics，2003，69（3）：505-527.

[134]LEUZ，OBERHOLZER - GEE.Political relationships，global financing，and corporate transparency：evidence from indonesia[J].Journal of Financial Economics，2006，81（2）：411-439.

[135]LI，YUE，ZHAO.Ownership，institutions，and capital structure：

evidence from china[J].Journal of Comparative Economics, 2009, 37 (3): 471-490.

[136]LIN, MA, MALATESTA, et al.Corporate ownership structure and the choice between bank debt and public debt[J].Journal of Financial Economics, 2013, 109 (2): 517-534.

[137]LIN, CAI, LI.Competition, policy burdens, and state - owned enterprise reform[J].American Economic Review, 1998, 88 (2): 422-427.

[138]LINS.Equity ownership and firm value in emerging markets[J]. Journal of Financial and Quantitative Analysis, 2003, 38 (01): 159-184.

[139]LITZENBERGER, RAMASWAMY.The effect of personal taxes and dividends on capital asset prices: theory and empirical evidence[J].Journal of Financial Economics, 1979, 7 (2): 163-195.

[140]LOMBARD.Is there a cost to poor institutions[R].Stanford Institute for Economic Policy Research, Discussion Paper, No.00-19, 2000.

[141]LOMBARDO, PAGANO.Legal determinants of the return on equity[R].Stanford Graduate School of Business and University of Salerno, Working Paper, 2002.

[142]LOMBARDO, PAGANO.Legal determinants of the return on equity[R].Centre for Studies in Economics and Finance (CSEF), University of Naples, Italy, 2000.

[143]LOVE.Financial development and financing constraints: international evidence from the structural investment model[J].Review of Financial Studies, 2003, 16 (3): 765-791.

[144]LUONG, NGUYEN, YIN.Institutional investors, private information, and the cost of capital[R].SSRN Working Paper, 2012.

[145]MALAN, SALAMUDIN, AHMAD.Ultimate owner cash flow rights level on value relevance of earnings information of pyramid firms[J]. International Review of Business Research Papers, 2013, 9 (4).

[146]MALATESTA, DEWENTER.State - Owned and privately owned firms: an empirical analysis of profitability, leverage, and labor intensity[J].

American Economic Review，2001，91（1）：320-334.

[147]MALLICK， YANG.Sources of financing， profitability and productivity： first evidence from matched firms[J].Financial Markets， Institutions & Instruments，2011，20（5）：221-252.

[148]MCELROY， BURMEISTER.Arbitrage pricing theory as a restricted nonlinear multivariate regression model iterated nonlinear seemingly unrelated regression estimates[J].Journal of Business & Economic Statistics， 1988，6（1）：29-42.

[149]MODIGLIANI，MILLER.The cost of capital， corporation finance and the theory of investment[J].The American Economic Review， 1958： 261-297.

[150]NALEBUFF， STIGLITZ.Information， competition， and markets [J].American Economic Review，1983，73（2）：278-283.

[151]NENOVA.The value of corporate voting rights and control： a cross-country analysis[J].Journal of Financial Economics，2003，68（3）：325-351.

[152]OHLSON， JUETTNER - NAUROTH.Expected eps and eps growth as determinants of value[J].Review of Accounting Studies，2005，10 （2-3）：349-365.

[153]OZTEKIN， FLANNERY.Institutional determinants of capital structure adjustment speeds[J].Journal of Financial Economics，2012，103 （1）：88-112.

[154]PALIGOROVA， XU.Complex ownership and capital structure[J]. Journal of Corporate Finance，2012，18（4）：701-716.

[155]PENMAN.Return to fundamentals[J].Journal of Accounting， Auditing & Finance，1992，7（4）：465-483.

[156]PIOTROSKI， ROULSTONE.The influence of analysts， institutional investors， and insiders on the incorporation of market， industry， and firm - specific information into stock prices[J].The Accounting Review， 2004，79（4）：1119-1151.

[157]POLETTI.Corporate value， ultimate control and law protection for

investors in western europe[J].Management Accounting Research，2009，20（1）：41－52.

[158]RAJAN，ZINGALES.Financial dependence and growth[J].The American Economic Review，1998，88（3）：559－586.

[159]ROSS.The arbitrage theory of capital asset pricing[J].Journal of Economic Theory，1976，13（3）：341－360.

[160]SCHMIDT.Managerial incentives and product market competition[J].The Review of Economic Studies，1997，64（2）：191－213.

[161]SHARPE.Capital asset prices：a theory of market equilibrium under conditions of risk[J].The Journal of Finance，1964，19（3）：425－442.

[162]SHLEIFER.State versus private ownership[J].The Journal of Economic Perspectives，1998，12（4）：133－150.

[163]SHLEIFER.A theory of yardstick competition[J].RAND Journal of Economics，1985，16（3）：319－327.

[164]SHLEIFER，VISHNY.A survey of corporate governance[J].The Journal of Finance，1997，52（2）：737－783.

[165]SHLEIFER，VISHNY.Corruption[J].Quarterly Journal of Economics，1993，108（3）：599－617.

[166]STATTMAN.Book values and stock returns[J].The Chicago MBA：A Journal of Selected Papers，1980，4（1）：25－45.

[167]SUCHARD，PHAM，ZEIN.Corporate governance and the cost of capital：evidence from australian firms[J].Journal of Applied Corporate Finance，2012，24（3）：84－93.

[168]SVENSSON.Eight questions about corruption[J].The Journal of Economic Perspectives，2005，19（3）：19－42.

[169]TORRES，BRUNI，MARTINEZ，et al.Ownership and control structure，corporate governance and income smoothing in brazil[R].SSRN Working Paper，2010.

[170]YOSHIKAWA，RASHEED.Family control and ownership monitoring in family - controlled firms in Japan[J].Journal of Management

Studies，2010，47（2）：274-295.

[171]曾庆生，陈信元.国家控股，超额雇员与劳动力成本[J].经济研究，2006，5（6）.

[172]曾颖，陆正飞.信息披露质量与股权融资成本[J].经济研究，2006（02）：69-79.

[173]陈汉文，刘启亮，余劲松.国家、股权结构、诚信与公司治理——以宏智科技为例[J].管理世界，2005（8）：134-142.

[174]陈浪南，屈文洲.资本资产定价模型的实证研究[J].经济研究，2000，4：26-34.

[175]陈倩倩，尹义华.民营企业、制度环境与社会资本——来自上市家族企业的经验证据[J].财经研究，2014（11）：71-81.

[176]陈小悦，孙爱军.CAPM 在中国股市的有效性检验[J].北京大学学报：哲学社会科学版，2000，37（4）：28-37.

[177]陈信元，黄俊.政府干预、多元化经营与公司业绩[J].管理世界，2007（01）：92-97.

[178]陈信元，张田余，陈冬华.预期股票收益的横截面多因素分析：来自中国证券市场的经验证据[J].金融研究，2001，6：22-35.

[179]程仲鸣.中国上市公司终极控制人股权特征的经验研究[J].财政研究，2010（03）：68-70.

[180]程仲鸣，夏新平，余明桂.政府干预、金字塔结构与地方国有上市公司投资[J].管理世界，2008（9）：37-47.

[181]邓建平，曾勇.上市公司家族控制与股利决策研究[J].管理世界，2005（7）：139-147.

[182]董昭江.论企业诚信的经济价值及其构建[J].当代经济研究，2003（07）：52-54.

[183]樊纲，王小鲁，朱恒鹏.中国市场化指数——各地区市场化相对进程2006年度报告[M].北京：经济科学出版社，2007.

[184]樊纲，王小鲁，朱恒鹏.中国市场化指数——各地区市场化相对进程2011年报告[M].北京：经济科学出版社，2011.

[185]冯锐，李胜兰.法律环境差异对上市公司价值的影响研究——基

于中国《证券法》的分析[J].武汉大学学报（哲学社会科学版），2015（2）：74-79.

[186]高敬忠，周晓苏，王英允.机构投资者持股对信息披露的治理作用研究——以管理层盈余预告为例[J].南开管理评论，2012（5）：129-140.

[187]韩亮亮，李凯.控制权、现金流权与资本结构——一项基于中国民营上市公司面板数据的实证分析[J].会计研究，2008（3）：66-73.

[188]何青，商维雷.产品市场竞争对企业固定资产投资行为影响研究[J].山西财经大学学报，2014（8）：50-60.

[189]黄登仕，刘海雁.终极所有权结构对权益资本成本的影响[J].统计与决策，2010，（16）：144-147.

[190]纪信义，曹寿民.公司治理结构对财务报告品质可靠性的影响——从盈余门坎的角度分析[J].审计与经济研究，2010（1）：3-17.

[191]姜付秀，黄磊，张敏.产品市场竞争，公司治理与代理成本[J].世界经济，2009，（10）：46-59.

[192]姜付秀，陆正飞.多元化与资本成本的关系——来自中国股票市场的证据[J].会计研究，2006（6）：48-55.

[193]姜付秀，支晓强，张敏.投资者利益保护与股权融资成本——以中国上市公司为例的研究[J].管理世界，2008（2）：117-125.

[194]蒋琰，陆正飞.公司治理与股权融资成本——单一与综合机制的治理效应研究[J].数量经济技术经济研究，2009（2）：60-75.

[195]金智.社会规范、财务报告质量与权益资本成本[J].金融研究，2013（02）：194-206.

[196]柯武钢，史漫飞.制度经济学[J].北京：商务印书馆，2000.

[197]李斌，江伟.金融发展、融资约束与企业成长[J].南开经济研究，2006（03）：68-78.

[198]李寿喜.产权，代理成本和代理效率[J].经济研究，2007，42（1）：102-113.

[199]李维安，李滨.机构投资者介入公司治理效果的实证研究——基于CCGI的经验研究[J].南开管理评论，2008（1）：4-14.

[200]李焰，王琳.媒体监督、声誉共同体与投资者保护[J].管理世界，2013（11）：130-143.

[201]李增泉，辛显刚，于旭辉.金融发展、债务融资约束与金字塔结构——来自民营企业集团的证据[J].管理世界，2008（1）：123-135.

[202]连海平.高校"一手办学一手经商"该有序退出[N].京华时报，（A2）.

[203]林建秀.第一大股东性质、控制模式与公司业绩[J].证券市场导报，2007（10）：49-54.

[204]刘金星，宋理升.终极控制股东的政治关联与现金股利的实证研究——来自民营上市公司的经验证据[J].山西财经大学学报，2013（6）：70-80.

[205]刘芍佳，孙霈，刘乃全.终极产权论、股权结构及公司绩效[J].经济研究，2003（4）：51-62.

[206]刘星，安灵.大股东控制、政府控制层级与公司价值创造[J].会计研究，2010（1）：69-78.

[207]刘志强，余明桂.投资者法律保护、产品市场竞争与现金股利支付力度——来自中国制造业上市公司的经验证据[J].管理学报，2009（8）：1090-1097.

[208]刘志强，余明桂.投资者法律保护、产品市场竞争与现金股利支付力度——来自中国制造业上市公司的经验证据[J].管理学报，2009（8）：1090-1097.

[209]龙静云.诚信：市场经济健康发展的道德灵魂[J].哲学研究，2002（8）：27-34.

[210]陆正飞，叶康涛.中国上市公司股权融资偏好解析——偏好股权融资就是缘于融资成本低吗?[J].经济研究，2004（4）：50-59.

[211]罗党论，唐清泉.金字塔结构、所有制与中小股东利益保护——来自中国上市公司的经验证据[J].财经研究，2008（9）：132-143.

[212]吕峻.政府干预和治理结构对公司过度投资的影响[J].财经问题研究，2012（1）：31-37.

[213]马忠，吴翔宇.终极所有权结构对自愿性信息披露程度的影响：

来自家族控股上市公司的经验验证：中国会计学会2006年学术年会[Z].中国广东广州：2006：14.

[214]马忠，吴翔宇.金字塔结构对自愿性信息披露程度的影响：来自家族控股上市公司的经验验证[J].会计研究，2007（1）：44-50.

[215]毛跃一，靳景玉.论完善资本市场层次结构与相关法律体系建设[J].经济体制改革，2008（2）：164-166.

[216]南开大学公司治理评价课题组.中国上市公司治理状况评价研究——来自2008年1127家上市公司的数据[J].管理世界，2010（1）：142-151.

[217]潘红波，余明桂.政治关系、控股股东利益输送与民营企业绩效[J].南开管理评论，2010（4）：14-27.

[218]潘越，吴超鹏，史晓康.社会资本、法律保护与IPO盈余管理[J].会计研究，2010（5）：62-67.

[219]沈红波，寇宏，张川.金融发展、融资约束与企业投资的实证研究[J].中国工业经济，2010（6）：55-64.

[220]沈艺峰，肖珉，黄娟娟.中小投资者法律保护与公司权益资本成本[J].经济研究，2005（6）：115-124.

[221]宋常，陈杰，赵懿清.终极控制权、资本结构与资本成本的研究述评[J].经济与管理研究，2012（5）：60-65.

[222]宋玉，李卓.最终控制人特征与上市公司现金股利政策[J].审计与经济研究，2007（5）：106-112.

[223]苏冬蔚，麦元勋.流动性与资产定价：基于中国股市资产换手率与预期收益的实证研究[J].经济研究，2004（2）：95-105.

[224]苏竣，汝鹏，杜敏，等.从校办企业到校有企业——转变中的中国大学知识产业化模式[J].科学学研究，2007，25（1）：40-45.

[225]苏启林，朱文.上市公司家族控制与企业价值[J].经济研究，2003（08）：36-45.

[226]孙健.终极控制人，债务融资与控制私利[J].南京审计学院学报，2005，2（4）：30-32.

[227]覃毅，张世贤.FDI对中国工业企业效率影响的路径——基于中

国工业分行业的实证研究[J].中国工业经济，2011（11）：68-78.

[228]谭兴民，宋增基，杨天赋.中国上市银行股权结构与经营绩效的实证分析[J].金融研究，2010（11）：144-154.

[229]唐雪松，周晓苏，马如静.政府干预、GDP增长与地方国企过度投资[J].金融研究，2010（8）：33-48.

[230]唐跃军，左晶晶，李汇东.制度环境变迁对公司慈善行为的影响机制研究[J].经济研究，2014（2）：61-73.

[231]田利辉.国有产权，预算软约束和中国上市公司杠杆治理[J].管理世界，2005（7）：123-128.

[232]涂瑞，肖作平.终极所有权结构和债务期限结构选择[J].管理科学，2010（6）：72-80.

[233]汪炜，蒋高峰.信息披露、透明度与资本成本[J].经济研究，2004（7）：107-114.

[234]王爱国，宋理升.民营上市公司实际控制人与现金股利研究[J].管理评论，2012，24（2）：97-107.

[235]王彩萍，李善民.终极控制人、机构投资者持股与上市公司股利分配[J].商业经济与管理，2011（6）：26-33.

[236]王春飞，陆正飞，伍利娜.企业集团统一审计与权益资本成本[J].会计研究，2013（6）：75-82.

[237]王化成，李春玲，卢闯.控股股东对上市公司现金股利政策影响的实证研究[J].管理世界，2007（1）：122-127.

[238]王俊秋，张奇峰.终极控制权、现金流量权与盈余信息含量——来自家族上市公司的经验证据[J].经济与管理研究，2007（12）：10-16.

[239]王力军.金字塔控制、关联交易与公司价值——基于中国民营上市公司的实证研究[J].证券市场导报，2006（2）：18-24.

[240]王鹏，周黎安.控股股东的控制权、所有权与公司绩效：基于中国上市公司的证据[J].金融研究，2006（2）：88-98.

[241]王小鲁，余静文，樊纲.中国分省企业经营环境指数2013年报告[M].北京：中信出版社，2013.

[242]王晓梅，龚洁松.创业板市场IPO融资成本的影响因素研究[J].北

京工商大学学报（社会科学版），2012（1）：77-81.

[243]王雪梅.终极控股权、控制层级与资本成本[D].首都经济贸易大学博士学位论文，2013.

[244]王艺霖，王爱群.内控缺陷披露、内控审计对权益资本成本的影响——来自沪市A股上市公司的经验证据[J].宏观经济研究，2014（2）：123-130.

[245]王毅辉，李常青.终极产权、控制权结构和股利政策[J].财贸研究，2010（2）：120-129.

[246]王永杰.金融生态环境、盈余质量对企业资本成本影响的实证分析[J].云南财经大学学报，2011（6）：95-104.

[247]魏卉，杨兴全，吴昊旻.治理环境、终极控制人两权分离与股权融资成本[J].南方经济，2011（12）：3-15.

[248]吴昊旻，杨兴全，魏卉.产品市场竞争与公司股票特质性风险——基于中国上市公司的经验证据[J].经济研究，2012（6）：101-115.

[249]吴申元，徐建华.诚信：现代市场经济有效运行的道德基础[J].复旦学报（社会科学版），2001（5）：1-6.

[250]吴水澎，刘启亮.会计制度公共领域与会计职业道德[J].会计研究，2006，（11）：3-7.

[251]吴文锋，吴冲锋，芮萌.提高信息披露质量真的能降低股权资本成本吗?[J].经济学（季刊），2007（4）：1201-1216.

[252]武建龙，王宏起，陶微微.高校专利技术产业化路径选择研究[J].管理学报，2012，9（6）：884-889.

[253]夏立军，方轶强.政府控制、治理环境与公司价值——来自中国证券市场的经验证据[J].经济研究，2005（5）：40-51.

[254]肖珉.法的建立、法的实施与权益资本成本[J].中国工业经济，2008（3）：40-48.

[255]肖珉，沈艺峰.跨地上市公司具有较低的权益资本成本吗?——基于"法与金融"的视角[J].金融研究，2008（10）：93-103.

[256]肖作平.所有权和控制权的分离度、政府干预与资本结构选择——来自中国上市公司的实证证据[J].南开管理评论，2010（5）：

144-152.

[257]肖作平.终极所有权结构对公司业绩的影响——来自中国上市公司面板数据的经验证据[J].证券市场导报，2010（9）：12-19.

[258]肖作平.终极所有权结构对资本结构选择的影响——来自中国上市公司的经验证据[J].中国管理科学，2012（4）：167-176.

[259]肖作平.委托代理关系、投资者法律保护与公司价值[J].证券市场导报，2012（12）：25-34.

[260]肖作平，黄璜.媒体监督、所有权性质和权益资本成本[J].证券市场导报，2013（12）：14-20.

[261]肖作平，廖理.终极控制股东、法律环境与融资结构选择[J].管理科学学报，2012（9）：84-96.

[262]肖作平，涂瑞.终极所有权结构、制度环境和融资结构选择：一个动态视角[M].大连：东北财经大学出版社，2013.

[263]杨淑娥，苏坤.终极控制、自由现金流约束与公司绩效——基于中国民营上市公司的经验证据[J].会计研究，2009（4）：78-86.

[264]杨兴全，曾义，吴昊旻.市场化进程、终极股东控制与公司资本投资价值[J].商业经济与管理，2011（3）：34-43.

[265]杨兴全，魏卉，吴昊旻.治理环境、股权制衡与股权融资成本[J].财贸研究，2012（6）：111-121.

[266]杨颖.投资者法律保护与现金股利政策——基于终极所有权结构视角[J].经济与管理研究，2010（8）：74-81.

[267]叶康涛，陆正飞.中国上市公司股权融资成本影响因素分析[J].管理世界，2004（5）：127-131.

[268]叶勇，黄雷.终极控制股东、控制权溢价和公司治理研究[J].管理科学，2004（5）：9-14.

[269]叶勇，刘波，黄雷.终极控制权、现金流量权与企业价值——基于隐性终极控制论的中国上市公司治理实证研究[J].管理科学学报，2007（2）：66-79.

[270]于李胜，王艳艳.信息风险与市场定价[J].管理世界，2007（2）：76-85.

[271]余明桂，潘红波.政治关系、制度环境与民营企业银行贷款[J].管理世界，2008（8）：9-21.

[272]余玉苗，王宇生.法律制度变迁、审计师选择与企业价值——基于实际控制人掏空行为视角的实证研究[J].经济评论，2012（3）：135-144.

[273]袁洋.环境信息披露质量与股权融资成本——来自沪市A股重污染行业的经验证据[J].中南财经政法大学学报，2014（1）.

[274]翟胜宝，易旱琴，郑洁，等.银企关系与企业投资效率——基于中国民营上市公司的经验证据[J].会计研究，2014（4）：74-80.

[275]张继袖，周晓苏.审计质量、投资者法律保护与盈余透明度[J].山西财经大学学报，2007（6）：118-124.

[276]张俭，石本仁.制度环境、两权分离与家族企业现金股利行为——基于2007—2012年中国家族上市公司的经验证据[J].当代财经，2014（5）：119-128.

[277]张学勇，廖理.风险投资背景与公司IPO：市场表现与内在机理[J].经济研究，2011（6）：118-132.

[278]赵玉洁.法律环境、分析师跟进与盈余管理[J].山西财经大学学报，2013（1）：73-83.

[279]赵中伟.控制结构、法律保护与股利政策——对香港本地公司和内地A股上市公司的比较研究[J].经济管理，2012（1）：114-121.

[280]中国注册会计师协会.财务成本管理[M].北京：中国财政经济出版社，2014.

[281]周嘉南，雷霆.股权激励影响上市公司权益资本成本了吗?[J].管理评论，2014（3）：39-52.

[282]周黎安.中国地方官员的晋升锦标赛模式研究[J].经济研究，2007（7）：36-50.

[283]朱凯，陈信元.金融发展、审计意见与上市公司融资约束[J].金融研究，2009（7）：66-80.

[284]朱滔，王德友.现金股利：缓解代理问题还是大股东剥削——基于最终所有权结构视角的研究[J].山西财经大学学报，2007（8）：97-102.